인생을 바꾸는
대화의
기술

인생을 바꾸는 대화의 기술

한마디 말로 신뢰를 얻고
기회를 만드는 법

최영준 지음

"내 말이 사람의 마음을 움직일 수 있을까?"

더페이지

대화의 세 가지 비법: 듣기, 사고하기, 말하기

"선생님은 왜 이렇게 말을 잘하세요?" 작년 말, 수업을 마치고 쉬고 있는 저에게 중학교 1학년 학생이 해맑은 표정으로 물었습니다. 그때까지 '말하기 강연'을 수십 번 진행했지만, 문득 이런 생각이 들었습니다. '내가 말을 잘하는 이유가 무엇일까?'

하나의 질문이 떠오르자, 다양한 답변과 과거 기억들이 떠오르기 시작했습니다. '대화를 통해 신뢰를 쌓는 방법', '논리적이고 설득력 있는 말하기 방법' 그리고 '갈등을 해소하는 말하기 방법' 등 여러 상황에서 적절하게 활용할 수 있는 기술과 노하우가 제 머릿속을 가득 채웠습니다. 이를 차례로 종이에 써 내려갔고, 그 결과 이 책의 목차가 완성되었습니다.

'머리로는 이해하는데 행동으로 옮기기가 너무 어려워.' 평소에 '말하기', '대화', '언어'를 다루는 책을 읽으면서 종종 느꼈던 생각입니다. 세상에는 '말 잘하는 법'도 무수히 많지만, 책을 덮고 일상으로 돌아가면 그 내용이 기억나지 않습니다. 그 이유가 무엇인지 의문이 들었습니다. 그러다 저자의 관점으로 바라보니 그 원인을 알게 되었습니다.

기존 책들은 특정 상황별 말하기를 중심으로 설명해 읽으면서 공감은 되지만, 실생활에서 활용하기가 어려웠습니다. 그래서 이 책에는 저와 독자 사이에 거리를 좁히고, 누구나 쉽게 익히고 활용할 말하기 기술을 담았습니다.

이 책은 일상 속에서 자연스럽게 활용할 말하기 방법을 중심으로 구성되었으며, 대화의 기본인 듣기, 사고하기, 말하기라는 세 가지 측면에 중점을 두었습니다.

첫째, 듣기는 소통의 시작입니다. 사람은 종종 자기 이야기만 하느라 상대방 이야기를 경청하는 자세가 중요하다는 사실을 잊곤 합니다. 경청은 상대방에게 공감과 신뢰를 주며, 의미 있는 대화로 이끄는 열쇠입니다. 이 책에서는 적극적으로 듣고 이해하며, 반응하는 기술을 다루었습니다.

둘째, 사고하기는 대화를 깊이 있게 만드는 요소입니다. 효과적으로 소통하려면 단순히 듣는 것에 그치지 않고, 상대방 말을 분석하고 자기 생각을 조율하는 과정이 필요합니다. 사고하는 능력은 대화 중 상황을 파악하고, 적절한 반응을 준비하는 데 큰 도움이 됩니다. 당신은 여기에서 다양한 사고 기법과 접근 방법을 익히게 될 것입니다.

셋째, 말하기는 전달할 메시지를 명확히 하고 자신감을 가지고 하는 표현입니다. 이 책에서는 자기 이야기를 어떻게 효과적으로 전하고 설득력을 갖춘 방식으로 의사소통하며, 일상 대화 속에서도 자연스럽게 활용할지 그 방법을 제시합니다.

책을 통해 이렇게 실생활에 바로 적용할 유용한 도구들을 당신께 만들어 주려고 합니다. 당신이 이 책을 통해 소통 능력을 한층 발전시키고, 더 풍부하고 의미 있는 관계를 맺길 바랍니다.

차례

PART 2

신뢰를 쌓는 대화의 기본 기술

PART 3

나만의 이야기를 설득력 있게 전달하기

PART 6 지속적인 성장과 피드백

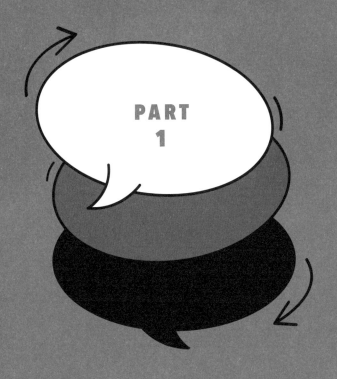

PART 1

왜
말하기가
중요한가?

관계와 신뢰 형성에
말은 어떤 영향을 미칠까?

우리는 일상에서 흔히 사용하는 '말'이 얼마나 큰 영향력을 지녔는지 인식하지 못한 채 살아갑니다.

'말 한마디로 천 냥 빚을 갚는다'

지금까지 이 속담을 듣고 맞는 말이라며 고개만 끄덕였다면, 이제는 물음표를 던져 보아야 할 때입니다.

'어떻게 말 한마디로 천 냥 빚을 갚아?'

이 질문을 자신에게 던진 뒤 답을 찾아야만, 속담이 지닌 진짜 의미를 알 수 있습니다. 말하기가 관계와 신뢰 형성에 영향을 미치는 데는 세 가지 이유가 있습니다.

첫째, 말은 그 사람의 인품을 반영합니다.

다른 사람과 대화할 때 명확한 이유 없이 기분이 좋아지거나, 상대방 말에 믿음이 갈 때가 있습니다. 이는 말에 그 사람이 지닌 인격이 묻어나기 때문입니다.

예를 들어 여러분이 새로운 회사에 첫 출근을 했다고 합시다. 입사 동기인 A 씨 그리고 B 씨 둘과 함께 점심 식사를 하게 되었습니다. 동기끼리 식사를 하며 각자 회사에 들어온 이유와 앞으로의 포부에 관해 이야기를 나누었습니다.

A 씨는 매우 긍정적이고 명확하게 자신의 입사 동기와 포부를 설명했고, B 씨는 이전 직장에 관한 험담과 앞으로 회사 생활에 관해서도 부정적인 생각을 말하였습니다. 그리고 다음 날, 회사에서 2인 1조로 입사 테스트를 보게 되었습니다. 그런데 A 씨와 B 씨에게 동시에 함께 테스트 받자는 제안을 받게 되었다면 누구와 함께 하고 싶습니까? 그리고 그 이유는 무엇입니까?

아마도 입사 첫날, 함께 식사하며 나눈 짧은 대화로 A 씨와 B 씨에 대한 판단이 섰을 겁니다. 누구를 파트너로 정할지는 쉽게 결정할 수 있겠죠. 소크라테스는 "말은 그 사람의 인격을 반영한다." 라고 말했습니다. 긍정적이고 따뜻한 말은 자신의 인격을 높이고, 부정적이고 비난하는 말은 자신의 인격을 낮춥니다.

이처럼 말은 단순히 정보 전달 도구가 아니라 말하는 사람의 인격까지 반영합니다. 상대방이 나를 판단하는 기준이 되기도 하며, 이 세상을 살아가며 생기는 수많은 결정에 이유가 되기도 합니다.

둘째, 말은 관계를 형성하고 유지합니다.

일상에서 만나는 친구, 이웃, 가족과 같이 말하는 사람과 듣는 사람이 있다면 '말하기 관계'는 만들어집니다.

또한 '말 잘하는 사람'이 되려면 행사나 발표장과 같은 특별한 상황이 아닌 일상생활에서 자신의 말하기 습관을 발견하고, 가다듬으려고 노력해야 합니다.

일상에서 흔히 음식을 포장할 때 거는 '주문 전화'에서도 이런 작은 관계는 형성됩니다.

저는 횟집을 운영한 적이 있습니다. 가게는 아파트 1층 상가에 있었고, 전화로 포장 주문을 하는 손님이 많았습니다. 그렇게 하루에 걸려 오는 전화가 족히 50통은 되었습니다. 그런데 저는 저 자신도 모르게 어느덧 손님들을 나이, 성별 상관없이 두 부류로 구분해 응대하고 있었습니다. 스스로에게 의문이 생긴 저는 두 부류 각각의 차이를 생각하게 되었고, 그것은 아주 명확했습니다.

그 차이점은 바로 '말하기'였습니다. 제가 여기서 말하는 말하기는 단순히 상대방의 말을 하는 행위가 아닌, 말하는 태도를 의미합니다. 제가 나눈 두 부류 중 한 부류는 상대방의 말을 들을 준비가 된 상태에서 말하는 사람들이었고, 나머지 한 부류는 자기 의견만 고집하며 말하는 사람들이었습니다.

예를 들어 주문량이 가장 많은 오후 일곱 시에 손님 두 명이 똑같이 전화 주문을 했다고 가정해 보겠습니다.

> **손님 1** "지금 다 와 가니깐 우럭 한 접시 일곱 시까지 포장해 주세요."
> **손님 2** "제가 포장을 하려고 하는데요, 지금 한 접시 주문하면 얼마나 걸릴까요? 시간 맞춰서 갈게요."

이 두 손님의 '말하기 방식' 차이가 무엇이라고 생각합니까? 물론 장사하는 사람이라면, 두 손님 모두에게 잘 응대해야 하기에 그 차이를 크게 신경 쓰지 않을 것입니다.

하지만 말을 잘하는 사람이 되려면 이런 작은 차이부터 알아차리고, 이를 자기 삶에 적용할 수 있어야 합니다.

두 손님이 구사한 말하기는 '강조형'과 '질문형'으로 나뉩니다. 손님 1은 자기 의견을 상대방에게 보다 명확하게 피력하기 위해 강조형을 사용했고, 손님 2는 전달하고자 하는 의견을 상대방 상황을 들은 뒤에 정리하기 위해 질문형을 사용했습니다.

강조형은 누군가에게 가르침을 주거나 확신을 주고 싶을 때 사용하는 말하기 방식이며 일상생활에서도 사용해야 할 때가 있습니다.

반면 질문형은 자기 의견에 대한 상대방 상황을 듣고 정리하기 위해 질문을 던지는 말하기 방식입니다. 상대방의 입장과 상황을 고려해야 할 때 사용합니다.

예로 든 상황에서는 질문형이 알맞아 보일 수 있겠지만, 질문형만이 좋은 말하기는 아닙니다. 상대방에게 무분별하게 질문만 한다면, 배려가 아닌 오히려 무책임한 말하기 습관이 생길 수 있습니다. 그렇기에 질문형과 강조형을 올바르게 사용하려면 순서를 알아야 합니다.

자, 이번에는 다르게 생각해 보겠습니다. 만약 두 손님이 같은 한 사람이며, 질문형을 먼저 사용한 뒤 강조형을 사용했다면 어땠을까요?

손님 3 "제가 포장을 하려고 하는데요, 지금 우럭 한 접시 주문하면 얼마나 걸릴까요? 시간 맞춰서 갈게요."

횟집 주인 "현재 주문이 많지만, 서두르면 오후 여덟 시까지 가능할 것 같습니다."

손님 3 "그럼 우럭 한 접시 여덟 시까지 포장해 주세요."

횟집 주인 "네, 알겠습니다. 감사합니다."

이렇게 대화가 흘렀다고 하면, 서로 상대방을 배려하며 말했다는 느낌이 들 것입니다. 올바른 말하기 관계에서는 누구도 상대방 말에 일방적으로 무시당하는 느낌을 받아서는 안 됩니다. 그렇게 된다면 앞선 상황에서는 점주와 손님 관계가 올바르게 형성될 수 없고, 일상에서도 지속적인 관계를 형성할 수 없게 됩니다.

한 가지 방식을 고집하려 하지 말고, 표현 방법을 유연하게 사용해야 합니다. 그러려면 먼저, 나의 말하기 습관을 점검해야 합니다. 나의 말하기 방식이 어떠한지, 상황에 맞게 사용하는지 생각하다 보면 처음에는 어색하고 말하기가 이렇게 어려운 일인지 의문이 들 수 있습니다.

하지만 익숙해지고 습관으로 만들면, 어떤 상황에서 말하기 관계가 형성되더라도 그 관계를 주도적으로 이끌며 관계를 형성하고 유지하는 사람이 되어 있을 것입니다.

'나무가 아닌 숲을 보라'는 말은 부분보다는 큰 전체를 이해하고 파악하라는 의미입니다. 말하기 관계에서도 이 말이 정확하게 적용됩니다. 누구와 어떤 주제로 대화하든, 자기 의견만 고집할 게 아니라 상대방 처지도 고려하고 듣고자 하는 태도가 중요합니다.

셋째, 말은 기회를 발견하고 잡을 수 있게 합니다.

인생을 살아가다 보면 '이건 기회야'라는 생각이 드는 순간이 있습니다. 누구에게나 기회가 찾아오지만, 이를 기회로 인식하지 못하는 경우가 많습니다. 그렇다면 기회를 알아차리고, 잡으려면 어떻게 해야 할까요?

긍정적인 말은 생각을 지배합니다. 결국 '행복'은 말에서 시작됩니다. 그래서 우리는 긍정적인 말과 부정적인 말이 가져오는 결과 차이를 알아야 합니다. 똑같은 일이 닥치더라도 어떤 사람은 "할 수 없어."라고 부정적으로 말하는 반면 어떤 사람은 "할 수 있어."라고 긍정적으로 말합니다. 기회는 긍정어를 쓰는 사람에게 찾아옵니다. 긍정어는 삶이 바람직한 방향으로 흐르도록 좋은 영향을 미치기 때문입니다.

오늘부터 자신에게 긍정적인 말을 해 보기를 바랍니다. 다른 사람이 부정적으로 바라보고 말할 때, "할 수 있다."라고 말해 보는 것이죠. 말로써 삶을 대하는 태도가 달라지면, 일상 속에서 작은 성취를 이루게 됩니다. 그렇게 하다 보면 언제나 기회를 발견하고 잡을 수 있는 시야와 마음가짐을 지니게 될 것입니다.

66
확장하는 말,
한담에서 설득까지
99

'한담'은 국어사전에서 '심심하거나 한가할 때 나누는 이야기, 또는 별로 중요하지 아니한 이야기'라고 정의하고, '설득'은 '상대편이 이쪽 편의 이야기를 따르도록 여러 가지로 깨우쳐 말함'이라고 정의합니다.

그렇다면 이 두 단어의 차이와 연관성은 무엇일까요? 사실 이두 단어는 너무 다른 색을 지녔습니다. 한담은 아무 의미 없이 하는 말이기에 단색이고, 설득은 상대방이 내 말에 공감하게 하거나 내 말을 따르도록 이끌어야 하는 그러데이션과 같은 색입니다.

지인과 가벼운 주제로 이야기를 나누면서 뭔가 설득력 있고 고개가 끄덕여질 때가 있습니다. 한담도 잘하는 사람이 있기 때문이지요. 그리고 그 사람이 하는 말 자체가 설득력이 있어서 대화 형태가 한담이든 설득이든 모두 잘할 수 있는 것입니다.

그렇기에 저는 한담과 설득을 따로 구분하지 않고, 한담에서부터 설득까지 이어지기 위한 말하기 습관에 관해 이야기하려고 합니다. 이 습관을 현실에 적용한다면 소소한 대화부터 소통을 통해 성과를 이루어야 하는 상황 속 대화까지 모두 잘할 수 있게 될 것입니다.

마리오 푸조Mario Puzo는 이런 말을 했습니다. "절대 화내지 마라, 절대 협박하지 마라, 논리적으로 설득하라." 첫 번째로 말을 잘 못하는 사람들의 가장 큰 특징은 누군가와 대화를 할 때 상대방이 잘 이해하지 못하면 답답해하고 짜증을 낸다는 것입니다.

누군가와 대화할 때 상대방이 쉽게 이해하지 못하는 것은 당연합니다. 오히려 전달하려는 사람이 타인이 이해하기 쉽도록 '논리적'으로 말했는지 의심해 보는 것이 올바른 태도입니다. 여기서 말하는 논리는 말을 전달하려는 사람 기준이 아닌 전달받는 사람 기준에서 논리적이냐는 것입니다.

자기 기준에서 너무나 당연한 일이나 생각이 상대방에게는 전혀 당연하지 않을 확률이 더 높기 때문입니다. 예를 들어보겠습니다. 매일 함께 점심 식사하는 직장 동료 A 씨가 있고, 오늘도 점심 메뉴를 정하기 위해 대화하고 있습니다. 나는 점심으로 닭구이를 먹고 싶은데, A 씨는 닭구이를 먹어 본 적이 없다고 합니다. 그렇다면 어떻게 하면 닭구이를 먹자고 설득할 수 있을까요?

우선 말을 잘하지 못하는 사람들은 이렇게 말할 것입니다. "점심으로 닭구이 어때요? 맛있어요." 이 말을 들은 A 씨는 어떤 맛인지 상상도 안 되는 음식이기에 거절할 확률이 높습니다. 만약 동의한다고 해도 이는 설득당해서가 아닌 어떤 메뉴도 상관없어서 그저 따라가는 것이겠지요. A 씨로서는 점심으로 먹는 닭구이에 대한 아무런 이해나 기대가 없음이 당연하니 말입니다.

반면 말을 잘하는 사람은 우선 상대방이 이해하기 쉽도록 비슷한 음식을 찾을 것입니다. 설득을 잘하는 사람은 우선 전달하고자 하는 내용을 상대방이 들으면서 머릿속에 상상할 수 있도록 말합니다. 그런 다음 자연스럽게 생각을 이끌어 냅니다.

"닭구이는 삼겹살이나 소고기구이처럼 숯불에 닭고기를 구워 먹는 음식이야. 돼지고기보다 더 부드럽고, 소고기보다 더 쫀득해서 식감도 정말 좋아. 기름기가 적어서 점심으로 가볍게 먹기에도 좋고." 이 말을 들은 A 씨는 닭구이라는 음식을 긍정적으로 상상하며 자연스럽게 먹어 보고 싶다는 생각이 들 것입니다.

사람은 생각보다 단순합니다. 이처럼 새로운 내용을 전달받더라도 이것이 자기 머릿속에 그림이 그려지고, 자기에게 유익하다는 확신이 생긴다면, 설득되어 받아들이게 됩니다.

설득을 잘하기 위해서는 우선, 해당 주제가 상대의 관점에서 어떻게 비치는지를 늘 생각해야만 합니다. 아무리 자기 기준에서 논리적이더라도 상대방 기준에서 미흡하다면 아무런 의미가 없기 때문입니다.

설득력 있는 말하기 방법을 알게 되었다면, 그다음에는 유동적으로 말하기 시간을 조절하는 연습이 필요합니다.

예를 들어 A 씨는 상대방을 설득하는 데 평균 15분이 걸린다고 해 보겠습니다. 어느 날, 중요한 거래처 담당자가 A 씨에게 딱 5분만 시간을 낼 수 있다며 대화를 요청했습니다. 이때, 거래처에 판매할 상품에 관해 설득력 있게 설명해야 한다면 A 씨가 어떻게 말해야 할까요?

아마 매번 15분이 필요했던 A 씨는 갑자기 시간이 5분으로 줄어서 조금은 횡설수설하며 전달하려는 내용을 명확하게 말하지 못했을 것입니다.

'엘리베이터 피치Elevator Pitch'라는 비즈니스 용어가 있습니다. 짧은 시간 안에 자기 혹은 기업, 제품이나 서비스에 관해 소개할 수 있는 빠르고 간단한 설명을 의미합니다.

동일한 주제를 3분, 5분 그리고 10분으로 나누어서 설득하는 연습을 해 보십시오. 그리고 그 모습을 영상으로 촬영해 한번 보시기 바랍니다. 이전에는 보이지 않았던 잘못된 말하기 습관이 보일 것입니다. 그런 부분을 수정하면, 설득을 잘하는 사람이 될 것입니다.

'자기소개'를 앞서 설명한 방법으로 해 보십시오. 그리고 글로 써 보시기 바랍니다. 처음에는 어색할 수 있지만, 직접 글로 쓰고 내가 말하는 모습을 보면 말을 잘하는 데 큰 도움이 됩니다.

단, 시간을 나누어 말하는 연습을 할 때 '시간 맞추기'에만 집중해서는 안 됩니다. 시간마다 전달하려는 내용이 명확하게 잘 정리되어 있느냐가 중요합니다. 직접 촬영한 영상을 스스로 보았을 때 설득력이 있는지, 상대방이 듣고 공감할지 판단해 보는 연습이 필요합니다. 그러다 보면 급박한 상황에서도 말을 잘하는 사람이 될 것입니다. 더 나아가 크고 작은 기회를 다양한 형태의 말로 사로잡을 수 있는 사람이 되어 있을 것입니다.

말이 인생에 가져다주는 기회들

토머스 에디슨 Thomas Edison 은 이런 말을 했습니다. "나는 어떠한 역경이 닥쳐도 절대 낙담하지 않는다. 무언가를 성취하기 위해서는 상식, 노력 그리고 끈기 이 세 가지만 있으면 된다."

우리는 인생을 살아가며 어떠한 목표를 정하고, 그 목표를 이루려고 노력합니다. 그 일은 어쩌면 자신이 생각하는 성공에 가까워지려고 작은 목표들을 세우고, 이를 이루며 최종적으로 바라는 큰 목표를 향해 달려가는 여정이라고 표현할 수 있겠습니다.

일상생활을 살아가면서도 우리는 수많은 도전에 직면합니다. 다이어트, 건강, 성적, 승급, 수익, 창업, 취업 등 다양한 목표를 세우고 이를 이루려고 하루하루를 살아갑니다. 이미 대부분 사람이 알고 있듯이 이러한 목표를 이루는 일은 결코 쉬운 일이 아닙니다. 전혀 생각지도 못했던, 때론 이미 예상했던 어려움이 찾아와 다짐을 흔들고 원하는 결과물을 만들지 못하도록 유혹합니다.

그렇다면, 우리는 이런 삶의 굴레에서 승자가 되려면 어떤 마음가짐과 행동 습관을 지녀야 할까요? 여기서 제 경험을 통해 알려드리고자 하는 방법은 '성공적인 말하기'입니다.

어린 시절 저는 주변 사람들에게 독하다는 말을 자주 들었습니다. 저는 그 소리를 들으며 단 한 번도 기분이 나빴던 적이 없습니다. 물론 이런 말을 들으려고 주변 사람들에게 열심히 하는 모습을 보여 준 것도 아닙니다. 그저 목표를 이루려면 저 자신이 인정할 만큼 최선을 다해야 한다는 확신이 있었기에 환경을 탓할 시간에 더 열심히 산 결과였습니다.

저는 가정 형편이 어려워 단 한 번도 사교육을 받아본 적이 없습니다. 기초 생활 수급자 가정에서 경제적으로 많은 어려움을 겪으며 청소년기를 보냈지요.

하지만 어릴 적부터 꿈이 있었습니다. 초등학교 4학년 때 꿈은 운동선수였습니다. 농구 선수가 되는 꿈이었죠. 그저 하기만 해도 행복한 농구에 빠져 지내며 팀을 꾸리게 되었고, 함께 다양한 대회 출전 경험을 하다 보니 시간이 빠르게 흘렀습니다. 그러다 인문계 고등학교에 진학하게 되었습니다. 그곳에서 고등학교 1학년 생활이 끝나자 꿈이 달라졌습니다. 그것은 다름 아닌 '요리사'였습니다. 꿈이 바뀌는 데는 큰 이유가 필요하지 않았습니다.

고등학교 1학년 때 봉사 활동으로 양로원에 방문한 적이 있습니다. 그곳에서 어느 젊은 요리사를 만났지요. 어르신들께 직접 요리한 음식을 대접하는 모습을 보며 저는 요리사라는 직업을 동경하게 되었습니다. 그렇게 진로가 바뀐 뒤 목표에 더 가까워지려고 그 당시 저의 상태를 돌아보았습니다. 저는 조금은 당황할 수밖에 없었습니다. 조리학과 진학을 알아보니 원하는 학교에 가기 위해서는 인문계 기준으로 내신 1.9등급을 받아야 했기 때문입니다. 당시 농구에만 빠져 운동만 계속했던 제 내신은 5등급이었고, 원하는 대학교에 가려면 턱없이 부족한 성적이었지요. 그 사실을 너무나 잘 알던 담임 선생님은 다른 학교를 추천하며, 현실적으로 어려움이 있다고 말씀하셨습니다.

담임 선생님은 당황하셨습니다. 현실을 받아들이자는 마음으로 하신 말씀에 제가 뜻밖의 대답을 했기 때문입니다.

"아니요, 선생님. 저는 이제 2학년인걸요. 이 대학 목표로 공부 열심히 해 볼게요."

선생님은 아마도 확고한 제 모습을 보며, 더 단호하게 말할 수 없으셨을 것입니다. 그저 고개만 끄덕이며 제가 반으로 돌아가도록 인도해 주셨습니다.

하지만 그 상황의 심각성을 가장 잘 알았던 사람은 저 자신이었습니다. 그래서 조금 무모하지만, 스스로가 도전 의식을 가지고 최선을 다할 수 있도록 만나는 사람마다 하는 말이 있었습니다.

"나 ○○대학교 갈 거야. 지금부터 공부 열심히 하려고."

이 말을 시작으로 하루에 두 시간만 자며 공부에 전념했습니다. 누구나 알지만, 평소에 하지 않던 행동을 하는 데에는 많은 어려움과 스트레스가 따릅니다. 하지만 저 말이 제게 힘이 되어 제 안에 숨어 있던 가능성과 잠재력을 발휘할 수 있었습니다.

그렇게 2년을 하루 두 시간만 자며 초등학교, 중학교 교과서부터 다시 공부했고 목표였던 2등급에 도달했습니다. 그렇게 대학교 입시 지원을 하는 시기가 다가왔습니다. 그동안 불안해하셨던 담임 선생님은 다른 대학교에 지원해 보자고 하셨지만, 성적을 보시고는 원하는 대학에도 원서를 넣어 보자고 제안하셨습니다.

결과는 '최종 합격'이었습니다. 합격 문자를 받은 날, 담임 선생님은 저를 끌어안으시며 눈물을 흘리셨습니다.

누군가가 제게 어떻게 단기간에 성적을 올릴 수 있었냐고 묻는다면 이렇게 대답하겠습니다.

"저 자신이 결과에 확신을 가졌고, 그 확인을 입으로 내뱉었기 때문입니다." 듣는 사람이 없더라도 입에서 내뱉는 말 한마디는 정말 중요합니다. 그 이유는 '본인'이 듣기 때문입니다. 그렇기 때문에 절대 스스로를 무기력하게 만드는 말은 하지 말아야 합니다.

성공적인 말하기의 시작은 성공할 수 있다고 확신하는 말에서부터 시작됩니다. 그러니 남들은 보지 못하고, 조언하지 못하는 '성공에 대한 확신'을 자기 스스로 내뱉어야 합니다. 물론 주변 사람들에게 거만하게 말해서는 안 됩니다. 먼저 자기가 들을 수 있도록 말하는 연습부터 시작하는 것입니다. 그러한 과정이 익숙해진 다음, 자신을 더 독려하고 싶고 '책임감'을 부여하고 싶다면 주변 사람에게도 그 목표에 관한 확신을 담아 말하는 것입니다.

성공에 관한 확신이 담긴 말 한마디가 가져다주는 가능성을 단 한 번이라도 경험한다면, 분명히 새로운 '성공 플랜'이 생기게 될 것입니다.

66

말은 왜 상황에 따라
달라야 할까?

99

 말하기 능력은 일상생활에서 매우 중요한 역할을 합니다. 다양한 환경에서 요구되는 말하기 능력은 단지 폭넓은 지식을 가졌느냐, 아니냐에 따라 판단하는 것이 아니라 한 가지 소재를 어디에 초점을 맞추어 어떻게 말하느냐에 관한 '말하기 스킬'을 말합니다.

 예상하지 못한 상황에 처하면 말하고자 하는 내용을 쉽게 입 밖으로 꺼내지 못할 수 있습니다. 이럴 때 바로 '말하기 스킬'이 필요한 것입니다. 이런 경험을 해 본 사람이라면 말을 가벼이 여기지 않을 것입니다. 반대로 말하기 스킬을 악용하거나 말이 가진 영향력을 가볍게 여겨 아무렇지 않게 입 밖으로 내뱉는 사람도 있습니다. 이런 사람을 소위 '사기꾼'이라고 지칭합니다.

대화 상황은 일상 대화, 업무상 대화 그리고 평가를 받기 위한 기관, 멘토, 기업 관계자들과 나누는 대화로 크게 나눌 수 있습니다. 어떤 대화 상황이라도 대화에는 과정이 있고, 그 과정은 '결과'에 큰 영향을 미칩니다.

지난 코로나19 이후 비대면 업무가 대두되었고, 이제는 업무 효율을 높이고, 비용을 절감하려고 많은 기관이 비대면 방식을 추구하고 있습니다. 이러한 비대면 시대에는 발언 기회가 자주 찾아오지 않습니다. 단 한 번의 말하기로 그 사람에 관한 평가가 이루어지기도 합니다. 더 나아가 진학, 채용, 승진 등에도 상당한 영향을 줍니다. 그렇기에 우리는 다양한 상황에서 말하기를 연습해야 합니다. 지금부터 제 경험을 통해 당신이 성공적인 말하기를 구사할 수 있도록 '연습 전략'을 공유하겠습니다.

입시 과정에서 겪은 일입니다. 1차 서류 합격 후 2차 면접 평가를 준비하고 있었습니다. 그러던 중 제가 지원한 학교의 면접 난이도가 매우 높다는 사실을 알게 되었습니다. 저는 내신을 5등급에서 2등급으로 올린 뒤, 그 학교에 가고자 하는 열망으로 가득 차 있었습니다. 그만큼 긴장감도 높아져 갔지만 저는 합격할 거라는 확신을 두고 면접 준비를 계속했습니다.

아리스토텔레스는 이런 말을 했습니다. "우리가 할 수 있기 전에 배워야 하는 일들을 우리는 하면서 배운다." 모든 사람이 처음부터 일을 잘하지는 않습니다. 시작점이 다를 수 있지만, 그 차이는 결과물에 큰 영향을 미치지 않습니다. 목적을 이루려면 우리는 새로운 일에 도전해야 하며, '무엇이든 하면서 배울 용기'를 가져야 합니다.

면접은 태어나서 처음이라 예상 질문을 준비하는 일도 처음이었습니다. 질문 250개를 골라 손으로 적어 보았습니다. 그런 다음 답변을 준비했습니다. 그 과정에서 당시 대학 입시 컨설턴트로 일하던 친형이 질문과 답변에 대해 전체적인 평가와 보완을 해 주었습니다.

그렇게 완성된 질문과 답변을 한 글자도 빠뜨리지 않고 차근차근 암기했습니다. 다양한 상황에서 말하기 능력이 필요했던 만큼, 저는 순차적으로 답변하는 연습에 심혈을 기울였습니다. 그 과정에서 한 가지 규칙을 정했습니다. 바로 '상황별 답변하기'였습니다. 면접관마다 스타일과 말투가 다르니 다양한 방향으로 답변하는 연습이 중요하다고 판단했기 때문입니다.

대학 면접에서 받았던 질문으로 예를 들어 보겠습니다.

"고등학교 1학년 때에 비해 2, 3학년 때 성적이 많이 올랐네요. 어떻게 성적을 올렸나요?"

첫 번째로 감정 표현에 중점을 둔 답변입니다.

"제가 단기간에 성적을 많이 올릴 수 있었던 이유는 ○○대학교의 인재상과 잘 부합하는 성실함과 끈기를 가졌기 때문입니다. 실제로 저는 항상 열정과 의지를 가지고 학업에 임해 왔고, 그 덕분에 성적이 오르게 되었습니다."

이 답변에는 면접자로서 의지와 감정을 강조하여, 면접관으로 하여금 공감할 수 있는 요소를 담았습니다.

두 번째로 논리적·조직적 답변입니다.

"제가 성적을 올린 방법은 체계적으로 공부 계획을 세우고, 이를 철저히 실천했기 때문입니다. 자세히 말씀드리면 각 과목 목표 성적을 정하고, 이를 달성하기 위한 주간 학습 계획을 세워 매일 수행했습니다. 그렇게 집중해서 공부한 결과, 성적을 크게 향상할 수 있었습니다."

이 답변은 구체적인 과정과 성과를 부각한 설명으로 이해하기 쉬운 구조입니다.

이처럼 다른 스타일로 준비한 답변은 실제 면접에서 만족스러운 결과를 얻는 데 많은 기여를 했습니다. 반복적으로 연습한 덕분에 말하기 스킬이 더욱 발전했고, 이는 추후 각종 발표나 면접 등에서 기회를 얻는 데도 긍정적인 영향을 미쳤습니다.

특히 경험이 부족한 영역에서 기회가 생겼을 때, 초기 준비가 매우 중요합니다. 스스로 공부하고 준비한 경험은 나중에 예기치 못한 상황에서 큰 도움이 됩니다. 길게 말하기 어렵고 긴장되는 순간이 찾아왔을 때, 그동안 쌓아온 경험은 결국 힘을 발휘하기 마련입니다. 결국 중요한 기회는 우리가 예상치 못한 순간에 찾아오므로 준비가 되어 있어야 놓칠 일이 없습니다.

결론적으로 다양한 상황에서 말하기 능력을 기르는 일은 그 자체로 중요합니다. 이를 통해 우리는 자기 견해를 효과적으로 전달하고, 다양한 사람과 교류하며, 예기치 못한 상황에서 자신감을 가지게 됩니다. 아울러 입학 면접, 회의, 발표와 같은 여러 상황에서는 소통이 잘 되느냐 그렇지 못하느냐에 따라 결과가 크게 좌우하게 됩니다.

　지금까지 말하기의 중요성과 상황별 말하기 능력을 기르기 위한 연습 전략에 대해 알아봤습니다. 이제 자신의 상황을 이 연습 전략에 대입해 공부하고 연습해 보시기 바랍니다. 이 과정에서 가장 중요한 점은 자신감과 면밀한 준비입니다. 예기치 못한 기회는 언제, 어디에서 찾아올지 모릅니다. 당신도 자신을 믿고, 꾸준한 연습으로 말하기 능력을 발전시켜 이 기회를 놓치지 않길 바랍니다.

66
경청,
말잘러가 되기 위한 첫걸음
99

대부분 사람에게 입 하나, 귀 두 개가 있습니다. 사람들은 흔히 그 이유가 그만큼 듣는 일이 더 중요하기 때문이라고 말합니다. 사람은 대화할 때 자기 이야기를 하고자 하는 욕구가 있습니다. 그러나 대화를 순조롭게 이어 가려면, 상대가 어떤 말을 하는지 경청해야 합니다. 여기서 '경청'은 단순히 말소리를 듣는 행위를 넘어, 그 내용을 깊이 이해하고 적절히 반응하는 과정을 포함합니다. 지금부터 소개할 '경청의 기술 세 가지'를 기억하고 적용한다면, 성공적인 말하기를 위한 첫걸음을 내디딜 수 있을 것입니다.

첫 번째 경청의 기술은 '말의 요지 찾기'입니다. 상대방 말을 듣는 과정에서 핵심 키워드를 찾는 일을 말합니다. 단순한 키워드 찾기가 아니라 말 속에서 상대방이 원하는 바와 전하고자 하는 메시지를 파악하는 일이 매우 중요합니다. 예를 들어 상대방이 "저번에 네가 말해 준 고깃집에 가서 제육볶음을 먹었는데, 정말 맛있더라! 이런 맛집을 더 많이 알면 좋겠어."라고 말한다면, 여기서 당신은 '네가 말해 준', '제육볶음', '맛있더라', '이런 맛집을 더 많이'라는 키워드에 주목해야 합니다.

만약 이 키워드들을 정확히 들었다면, 당신은 "다행이다, 그럼 내가 다른 맛집도 추천해 줄게." 혹은 "다행이야. 다음에는 ○○집에도 가 보자, 맛있어."와 같은 적절한 반응을 할 수 있을 것입니다. 예로 든 대화 흐름이 당연하게 느껴질 수 있지만, 실생활에 적용하는 일이 어려울 때가 있습니다. 그러면 동문서답하게 되고 말이 꼬여 대화가 흐지부지되기 쉽습니다. 그러니 평소에 가족이나 친구와 대화할 때, 이러한 요지 찾기 연습을 해 보십시오.

두 번째 경청의 기술은 '말 끊지 않기'입니다. 우리는 상대가 말하고 있을 때 중간에 끼어들어 말을 끊는 일은, 예의에 어긋난 행동임을 알고 있습니다. 이런 행위는 대화 흐름을 방해하고 대화를 복잡하게 만들 수 있습니다. 상대방이 어떤 말을 할 때, 그 말을 끝까지 듣는 연습이 필요합니다. 만약 상대방이 하는 말에 자신에게 불리한 내용이 있더라도, 즉시 반응하기보다는 감정을 진정시키고 끝까지 들어야 합니다.

예를 들어 보겠습니다. A라는 친구가 "처음에는 기분이 많이 안 좋았어. B에게 들었는데, 네가 뒤에서 내 욕을 그렇게 한다며?"라고 말합니다. 이럴 때 당신은 즉시 반박하는 대신 A의 말을 끝까지 들어 보시기 바랍니다. A의 말이 끝나갈 때쯤, 당신은 "나로서는 그 말이 정말 섭섭하게 들렸어. 하지만 곰곰이 생각해 보니 B가 한 말도 100% 사실이란 법이 없겠더라고. 그래서 네 이야기도 듣고 싶었어."와 같은 대화로 이끌 수 있습니다.

세 번째 경청의 기술은 '요약 피드백 제공하기'입니다. 대화를 효과적으로 이끌어 가기 위해서는 리액션(공감 반응)이 필수입니다. 상대방 말을 듣고 핵심 키워드를 포착해 "B에게 그 이야기를 들었을 때, 네가 정말 당황스러웠겠네."라고 되짚어 주는 일입니다. 이러한 요약 피드백은 상대방에게 "내가 너의 말을 잘 이해하고 있어."라는 시그널이며, 이를 통해 신뢰를 얻게 됩니다.

또한 공감한 뒤에 긍정적 혹은 부정적인 의사를 그 이유와 함께 덧붙인다면, 상대방은 더욱 당신 말에 귀 기울이게 됩니다. 위에서 언급한 A의 경우, 당신은 "B에게 그 이야기를 들었을 때, 네가 정말 당황스러웠겠네."라고 공감한 뒤, 그 오해를 풀어 줄 수 있습니다. "나는 네 기분이 어떨지 이해해. 하지만 나는 그런 얘기를 한 적이 없으니, 오해를 풀고 싶어. 그러니 네 생각을 제대로 듣고 싶어."라고 말하는 것입니다. 이렇게 말하면 친구 A는 자기 감정을 표현하기가 쉬워지고, 대화가 열린 분위기에서 이어질 수 있게 됩니다.

이처럼 경청은 상대방 말을 잘 듣는 태도에서 시작되지만, 더 적절한 말을 고르고 대화를 매끄럽게 이어 가게 하는 중요한 기술입니다. 그러므로 경청은 관계를 더욱 깊고 의미 있게 만드는 원동력입니다.

경청의 기술을 통해 얻을 이점은 많습니다. 상대방과 효과적으로 대화하고, 서로의 감정을 이해할 수 있습니다. 이로써 신뢰를 쌓을 기회가 생깁니다. 나아가 한 단계 높은 애티튜드를 지닌 사람으로 발전하게 됩니다. 타인의 말에 귀 기울이는 노력을 하다 보면, 자신도 모르게 사고방식이 유연해져 새로운 관점을 받아들이는 융통성도 길러집니다.

사람은 저마다 다양한 배경을 가졌고, 각자 다른 경험을 합니다. 그로 인해 개개인이 다른 시각을 가졌습니다. 그래서 때때로 상대방 생각이나 감정에 대해 이해하기가 어렵다고 느낍니다. 그렇기에 우리는 경청을 통해 서로를 더 잘 이해하려고 노력해야 합니다. 이러한 노력은 상대방이 전하는 메시지를 명확히 파악할 수 있게 하고, 소통의 장벽을 낮출 수 있습니다.

앞서 설명한 세 가지 경청의 기술 또한 실생활에 적용하는 일이 가장 중요합니다. 그렇게 해서 길러진 능력은 직장뿐 아니라 인간관계 전반에 걸쳐 친밀감을 형성하는 데 큰 도움이 됩니다. 당신이 가족, 친구, 동료와 대화할 때 이 기술을 사용함으로써 점점 더 경청하는 사회가 되길 바랍니다.

경청은 단순한 행동이 아니라 마음가짐입니다. 상대방이 전하려는 메시지를 진심으로 이해하려고 노력하는 태도가 가장 중요합니다. 오늘부터 시작해 보세요. 가족, 친구와 대화할 때 경청의 기술을 활용하며 그 변화와 효과를 직접 느껴 보시길 바랍니다. 당신의 경청이 누군가에게 위안이 되고, 더 나아가 나은 인간관계를 형성할 수 있기를 기대합니다.

말하기 능력 파악하기

말하기 실력을 늘리려면 먼저 자신의 말하기 능력이 어느 정도 인지 파악하는 과정이 매우 중요합니다. 누구나 '방어 기제'가 있 어서 다른 사람이 해 준 충고를 받아들이고 성장하는 일이 쉽지 않 습니다. 따라서 스스로 능력을 평가하고 적절한 목표를 설정하는 과정이 꼭 필요합니다. 그러려면 '기준'이 필요한데, 아래 설명에 따라 자신의 말하기 능력을 평가하고 등급을 확인해 보십시오.

이 평가에서는 '기본 대화자', '능숙한 대화자' 그리고 '전문 대 화자' 세 가지 등급으로 나누어 말하기 능력을 분석합니다. 등급마 다 승급에 필요한 요소가 달라 자신이 현재 어떤 단계에서 집중해야 할지 쉽게 파악할 수 있습니다.

첫 번째, 기본 대화자는 기본적인 의사소통이 가능하며 일상적인 대화에 참여할 수 있지만, 표현이 다소 제한적입니다. 기본 대화자는 친구와 대화할 때 "오늘 날씨가 좋네.", "그런 것 같아." 등과 같이 피상적인 언어를 구사합니다. 사용하는 문장이 단조롭고 제한적이어서 자칫 대화가 지루해질 수 있고, 티키타카가 이루어지기 어렵습니다. 앞서 설명한 특징이 자신에게 해당한다면 평소 대답 위주로 대화하지는 않는지 점검해 보면 좋습니다. 또 자신이 말했을 때 상대방 반응이 부족하거나 자기 의견을 전달하는 데 어려움이 있는지 살펴봐야 합니다.

이 단계에 속한다면 새로운 표현을 배우고 사용하려고 노력해야 합니다. 평소 자주 만나는 사람들과 대화할 때 의견에 이유를 덧붙여 말하는 연습이 필요합니다. 예를 들어 이전에는 "나는 ○○이 좋아."라고만 표현했다면, 이제 "나는 ○○이 좋아. 그 이유는 ○○ 때문이야."라고 말해 보세요. 상대방의 반응이 이전과 달라진다면 이는 승급을 위한 좋은 연습이 되고 있다는 증거입니다.

두 번째, 능숙한 대화자는 다양한 주제로 원활하게 대화할 수 있고, 자신감 있게 의견을 전달할 수 있습니다. 능숙한 대화자가 구사하는 말을 예로 들자면 이렇습니다.

"이 프로젝트를 잘 마무리하려면 팀워크 강화와 주기적인 피드백이 필요합니다. 당신은 어떻게 생각하시나요?"

이처럼 능숙한 대화자는 대화를 이끌어간다는 특징이 있습니다. 이 단계의 대화자는 상대방 얘기를 잘 듣고 존중하며, 주도적으로 대화를 이끌 능력을 가졌습니다.

이 단계에서 자신의 말하기 능력을 스스로 평가해 보려면 다양한 주제로 대화해 봐야 합니다. 그 대화 속에서 자신의 의견을 명확하게 표현하는지를 검토하면 됩니다. 단순히 의견을 제시하는 것뿐만 아니라 상대방 의견을 수용하여 대화를 이어 가는 것이 중요한 요소입니다. 만약 대화 중에 상대방 의견에 따라 자신이 하는 말이 조금씩 달라진다고 느낀다면 이는 긍정적인 신호입니다. 이 과정을 통해 복잡한 문제 해결이나 갈등 상황에서도 원하는 방향으로 대화를 이끌어 갈 수 있습니다.

능숙한 대화자에서 더 높은 등급으로 거듭나려면 감정 표현 연습이 필요합니다. 감정 표현에 서툰 사람은 더러 다른 사람을 핑계 삼아 자기 감정을 표현합니다. 비겁한 말하기가 되지 않으려면 '나는'으로 시작하는 말로 보다 직접적으로 감정 표현하는 연습을 해야 합니다. 이 연습으로 갈등 상황에서도 효과적으로 대화를 풀어 나가는 능력을 기를 수 있습니다. 가족이나 지인과 대화할 때 피드백을 부탁해 보십시오. 자신의 대화 스타일을 점검하고 적극적으로 표현하는 방법을 시도해 보시기 바랍니다.

세 번째, 전문 대화자는 비교적 복잡한 상황에서도 자신이 지닌 지식으로 심도 있는 대화를 이끌 수 있으며, 갈등을 해결하는 데 주도적인 역할을 할 수 있습니다. 전문 대화자는 발표, 면접, 회의 등에서 관계자에게 정보와 의견을 효과적으로 전달할 수 있습니다. 전문 대화자가 구사하는 말을 예로 들자면 이렇습니다.

"이번 마케팅 전략에서 중점을 두어야 할 것은 목표 고객의 생애 가치 극대화입니다. 이와 관련해 몇 가지 접근 방안을 제시하고 싶습니다."

이처럼 전문 대화자는 복잡한 주제를 깊이 있게 탐구하여 통찰력을 발휘해 말할 수 있습니다.

이 단계에서 자신의 말하기 능력을 스스로 평가해 보려면 일상 대화와 업무상 대화를 나눌 때, 적합한 예시를 활용하고 질문을 섞어 가며 논리적이고 설득력 있게 의견을 제시하는지를 확인합니다. 또한 누군가의 말을 인용하거나 '사실'로 규정된 정보들을 활용하며 대화할 수 있다면, 전문 대화자에 해당합니다. 이 단계의 대화자는 본인이 잘 알지 못하는 분야에서도 거짓이 아닌 사실을 전달하기 위해 노력하는 경우가 많습니다.

전문 대화자는 가장 높은 등급에 해당하므로, 특별히 연습해야 할 부분은 없습니다. 그러나 더 논리적이고 설득력 있는 대화를 이끌기 위해서는 관련 분야의 지식이 필수적입니다. 전문 지식의 깊이를 더하고 싶다면, 다양한 분야에 대한 독서를 지속적으로 하기를 권장합니다. 독서를 통해 다른 사람들의 말하는 방식을 학습하고, 지식을 쌓아나간다면, 즉각적인 상황에서도 능동적으로 논리적인 대화를 할 수 있게 될 것입니다.

당신의 현재 대화 능력 등급을 파악하고 개선하기 위해서는 스스로를 진단하고, 필요한 연습을 꾸준하게 할 필요가 있습니다. 기본 대화자, 능숙한 대화자, 전문 대화자로서 각 단계별로 목표와 개선해야 할 부분을 인식하고 노력하면 더욱 효과적인 의사소통 능력을 갖출 수 있을 것입니다.

성공적인 말하기의 실제 사례

철학자이자 시인 랠프 월도 에머슨Ralph Waldo Emerson은 이런 말을 했습니다. "경험은 그 자체로 완벽하다."

우리가 일상에서 경험하는 일은 모두 중요한 의미를 지녔습니다. 경험을 부정적인 과거로 남겨 두는 습관은 위험합니다. 비록 당장은 좋지 않은 결과를 가져왔더라도 '실패'에 집착하기보다는 '과정'을 돌아보며 분석하는 일이 생산적인 태도입니다. 앞으로 똑같은 이유로 아쉬운 결과를 만들지 않으려면, 경험을 통해 배우고 성장해야 합니다.

'실패 속 진주 찾기'는 제가 살면서 여러 실패를 겪으며 만든 말입니다. 어떤 결과든 경험한 바에 따라 다르게 받아들여질 수 있습니다. 각자가 떠올리는 경험이 있겠지만, 특히 좋지 않은 결과를 떠올릴 때 느끼는 감정과 생각은 다양합니다. 그런 경험을 다시 한번 떠올리며 어떤 감정을 느끼는지 스스로에게 질문해 보십시오.

만약 과거 경험을 한 권의 책으로 비유한다면, 당신은 다양한 경험을 통해 자기만의 '서점'을 운영하는 것입니다. 이 서점에는 과거 경험이 담긴 책들이 쌓여 앞으로 살아가는 데 큰 도움이 됩니다. 아무래도 실패한 경험을 담은 책이 많은 서점 주인일수록 성공할 확률이 높을 것입니다. 하지만 실패를 단순히 부정적으로만 바라본다면 성공으로 다가갈 가능성은 줄어듭니다. '나는 무엇을 해도 안 되는 사람'이라는 부정적인 자기 암시로 실패의 늪에 빠질 위험이 높아지기 때문입니다.

그러면 이제 실패 경험을 마주하고, 그 속에서 지혜라는 진주를 얻는 법을 알아봅시다.

첫 번째는 '원인 찾기'입니다.
사람들은 다른 사람의 상황은 이성적으로 바라보지만, 자기가 처한 상황은 감정적으로 바라보는 경향이 있습니다. 부정적인 경험을 반복하지 않으려면, 당혹스러운 상황에서도 원인은 꼭 찾아야 합니다. 이 단계에서 원인을 제대로 찾지 못한다면, 유사한 경험을 반복하게 되고 타인에게 결과를 설명하기도 어려워질 수 있습니다. 따라서 원인을 명확히 판단하는 단계가 꼭 필요합니다.

두 번째는 '인생의 오답 노트 작성하기'입니다.

시험을 보고 나서 가장 먼저 할 일은 오답 노트를 작성하는 일입니다. 틀린 문제를 다시 풀어 보고 틀린 이유를 분석하는 과정이 반드시 필요합니다. 이러한 과정을 우리 삶에도 반영한다면 좀 더 주도적인 태도로 원하는 인생 경로를 찾을 수 있을 것입니다.

예를 들어 당신이 공동 창업을 했다고 해 봅시다. 시간이 지나면서 신뢰하던 공동 창업자가 지원금을 횡령한 사실을 알게 되었습니다. 여기서 스스로에게 꼭 해야 할 중요한 질문이 있습니다. '지원금을 잃게 된 이유가 무엇일까?' 어떤 사람은 "지원금을 횡령한 공동 창업자가 나쁜 사람이다."라고 말할 수 있지만, 다른 사람은 "증빙 없이 믿음만으로 일을 진행한 게 문제였다."라는 반응을 보일 수도 있습니다. 당신은 어떤 답변이 떠오르십니까? 이는 현실을 부정하려는 게 아니라 원인을 찾아내는 작업입니다. 이런 방법으로 '오답 노트'를 작성하면 미래의 자신에게 경고 신호를 전달할 수 있습니다.

마지막으로 세 번째는 '성공적인 말하기'입니다.

과거의 실패를 토대로 앞으로 나아가려는 당신에게 성공적인 말하기는 필수적입니다. 크고 작은 성공이 존재하지만, 그 크기가 성공의 가치를 판단하지 않도록 해야 합니다. 예를 들어 "내일 아침 여덟 시에 일어날 거야.", "오늘 운동 30분 할 거야."와 같은 작은 다짐을 해 보십시오. 입으로 내뱉은 말은 행동으로 이어지는 힘을 가집니다. 이 다짐 연습은 업무에도 적용할 수 있습니다. 작은 다짐을 습관화하고 작은 성취를 이루다 보면 큰 성공으로 이어질 것입니다.

앞서 설명한 세 가지 방법을 일상에 적용하며 말하기에 집중해 보세요. 당신의 입을 통해 성공적인 말하기가 시작될 것입니다. 과거의 실패를 긍정적이고 건설적인 경험으로 여기며 그것을 통해 더 성공에 가까워질 수 있을 것입니다.

실패에서 배운 점을 잘 정리하고 그 교훈을 바탕으로 발전하는 과정은 결국 당신이 원하는 미래로 나아가는 첫걸음이 될 것입니다. 경험은 단순한 이력이 아니라 당신의 성장 경로에 있는 이정표

임을 잊지 마십시오.

또한 다양한 경험에서 얻는 지혜는 당신이 마주칠 새로운 상황에서도 큰 도움이 됩니다. 삶의 불확실성과 도전은 피할 수 없지만, 그 속에서 얻은 교훈은 이후 생겨나는 문제를 해결할 때 당신을 지원할 것입니다. 실패를 바로잡고 그 경험과 관계를 명확히 하려고 노력할수록 당신은 더 많은 자신감과 능력을 키워 나갈 수 있습니다.

부정적인 경험에 대해 감정적으로 반응하는 대신 이성적으로 분석하고 해결책을 모색하는 습관을 길러야 합니다. 실패 원인을 파악하고 반복하지 않으려는 노력이야말로 성공을 이루는 길입니다. 오답 노트 역시 마찬가지입니다. 매번 경험에서 배울 점을 찾아내 그것을 정리하고, 해결책을 마련하는 과정이 당신을 한 단계 더 성장하게 만듭니다.

마지막으로 당신이 설정한 작고 구체적인 목표를 실천함으로써 성공적인 말하기 습관을 기르는 과정을 잊지 말아야 합니다. 자신과의 약속을 지킴으로써 스스로에 대한 신뢰를 구축할 수 있고, 또 다른 목표로 나아갈 기반이 될 것입니다.

결론적으로 경험은 당신이 살아가는 데 필요한 가장 소중한 자산입니다. 실패를 긍정적이고 건설적인 시각으로 바라보며 그것이 자신의 성장과 발전에 도움을 줄 수 있도록 노력하는 자세가 필요합니다. 원인 찾기, 인생의 오답 노트 작성하기, 성공적인 말하기 이 세 가지 방법으로 당신은 더 나은 출발을 할 수 있을 것입니다.

이 모든 과정을 통해 불확실하고 변화무쌍한 인생 속에서도 흔들리지 않는 자기만의 기준을 세우길 바랍니다. 그렇게 쌓은 다양한 경험에서 얻은 지혜로 당신의 미래를 밝혀 나가기를 바랍니다. 어떤 경험이든 자신에게 주어진 선물입니다. 내일의 나는 오늘의 선택과 경험에 달려 있습니다. 경험을 잘 활용해 앞으로 나아가길 바랍니다.

PART
2

신뢰를 쌓는
대화의
기본 기술

마음을 여는 열쇠, 공감과 경청

한동안 유행하던 성격 유형 검사 'MBTI'는 사람의 성격을 열여섯 가지 유형으로 구분합니다. 먼저 E와 I로 성격이 외향형Extraversion인지 내향형Introversion인지를 구분합니다. 그 다음 S와 N으로 현실적인 감각형Sensing인지 직관형iNtuition인지를 구분합니다. 그리고 T와 F로 사고형Thinking인지 감정형Feeling인지를, J와 P로 판단형Judging인지 인식형Perceiving인지를 구분합니다. 물론 같은 유형으로 결과가 나온 사람들끼리도 다른 점은 분명 있습니다. 다만 이처럼 성격을 분석하는 일은 다른 사람을 이해하는 데 도움이 되기도 합니다.

여기에서는 경청과 MBTI의 상관관계에 관해 알아보려고 합니다. 사고형과 감정형 중 공감과 경청을 잘하는 사람은 어떤 유형일까요? 저는 다른 사람들은 어떻게 생각하는지 궁금해서 주변 사람들에게도 물어본 적이 있습니다. 그러자 열에 아홉은 '감정형'으로 답했습니다. 그도 그럴 것이 공감을 잘 못하는 사람에게 "너 T야?" 하고 묻는 밈Meme이 생겼을 정도입니다.

그런데 제 생각은 조금 다릅니다. 상대방의 말에 단순히 '반응' 하는 것이라면 감정적으로 판단하는 감정형이 공감을 잘한다고 할 수 있습니다. 하지만 '상대방 마음을 여는 공감과 경청의 기술'에 있어서는 이성적으로 판단하며 듣는 사람이 더 잘할 수 있습니다. 그 이유는 매우 간단합니다. 감정적으로 판단하는 사람은 비교적 상대방이 전달하고자 하는 말의 '요점'을 찾기 어려워하기 때문입니다.

'육각형 인간'은 어디 하나 모자란 데 없이 고르게 평균 이상의 능력을 가진 사람을 의미합니다. 경청하고 올바른 공감으로 최적의 답변을 한다면 상대방 마음을 여는, 대화에 있어서 육각형인 사람이 될 것입니다. 그렇다면 경청과 공감을 잘하려면 어떻게 해야 할까요?

이번에는 '비언어적 표현' 사용법에 관해 소개하고자 합니다. 많은 사람이 비언어적 표현이 가져다주는 영향력을 간과하는 경우가 많습니다. 비언어적 표현은 상대방에게 전하려는 말에 진정성을 실어 주어 메시지를 효과적으로 전달할 수 있도록 돕습니다. 여기에서는 두 가지 비언어적 표현을 알아보려고 합니다.

첫 번째로 상대방의 말에 진심으로 관심이 있고 귀 기울이고 있다는 것을 어필하고 싶을 때 사용하는 표현입니다. 아주 간단한 제스처입니다. 바로 상대방이 말할 때 몸을 상대방 쪽으로 살짝 기울이는 것입니다. 이는 상대방의 말을 잘 듣겠다는, 경청하겠다는 의사를 비언어적으로 나타내는 방식입니다. 예를 들어 당신이 축구 경기를 하고 있다고 가정해 보겠습니다. 상대 팀과 동점 스코어에 마지막 골 찬스를 위한 빠른 패스가 필요한 상황입니다. 이때 패스하려고 하는 선수 중 한 명은 당신을 쳐다보며 공을 달라고 손짓하고, 다른 한 명은 앞만 바라보며 달려가고 있습니다. 당신이라면 누구에게 패스하겠습니까? 그렇습니다. 이럴 때는 대부분 눈을 맞추고 적극적으로 콜 플레이하는 선수에게 패스하기 마련입니다.

대화할 때도 마찬가지입니다. 대화를 올바른 방향으로 리드하고 상대방에게 원하는 말이 나오게 하려면 상대방의 말을 집중해서 듣고 있음을 나타내야 합니다. 아무리 내면으로 대화에 집중하고 경청하고 올바르게 공감하고 있다 하더라도 상대는 이를 알기 어렵습니다. 물론 상대방의 말이 끝난 뒤 언어적 표현으로 대화에 집중했음을 알릴 수는 있지만, 이미 상대방이 말을 하고 난 이후이기에 그때는 상대의 진심이 담긴 말을 이끌어 내기 어려워집니다. 상대의 진심은 너무 많은 생각과 고민을 거치지 않은 상태에서 가장 자연스럽게 드러납니다.

몸을 살짝 기울여 대화에 경청할 의지를 표현했다면, 그 다음에는 공감을 표현합니다. 이 제스처도 어렵지 않습니다. 바로 상대방이 이야기하는 중간에 눈을 크게 뜨고 고개를 위아래로 가볍게 끄덕이는 것입니다. 이는 상대방이 하는 말을 전반적으로 이해하고 있음을 전달하는 비언어적 표현입니다. 말의 흐름을 방해하지 않으면서도 상대에게 주의 깊게 경청하고 있다는 신호를 보낼 수 있습니다.

누구나 자기 이야기를 할 때 기승전결이 있습니다. 그래서 대화할 때 상대방이 자기 말을 이해하지 못한다고 느끼면 다음 내용을 말하기가 망설여집니다. 카드 게임을 할 때 상대의 패를 알고 있으면 이길 수 있는 것처럼 대화에서도 상대가 전하려는 바를 이해하는 것이 중요합니다. 중간에 이해하고 있음을 표현하면 상대방은 더 자신 있게 자기 이야기를 이어갈 수 있고, 이는 더 깊은 대화를 이끌어 내는 초석이 됩니다.

비언어적 표현으로 상대방에게 경청과 공감을 알렸다면, 이제 상대방은 자신이 전하고자 하는 바를 더 적극적으로 표현할 것입니다.

대화는 누구와 어디서 하게 될지는 모르지만, 대화하는 상황에 따라 대화 내용이 달라질 수는 있습니다. 앞서 설명한 비언어적 표현으로 상대방이 쥔 '대화의 패'를 모두 파악하고, 어디서나 현명한 대화를 할 수 있는 능력을 기르길 바랍니다.

몇 번을 강조해도 지나치지 않습니다. 꼭 기억하십시오. 대화를 잘하려면 말을 잘하기보다 먼저 잘 듣는 것이 중요합니다. 기계적이고 단순한 반응이 아니라 상대방의 감정과 의도를 이해하고 그에 맞춰 적절한 반응을 보이는 태도가 진정한 대화의 기술입니다. 이를 통해 우리는 서로의 마음을 더 깊게 이해하고 보다 풍부한 소통을 이루어 낼 수 있습니다.

인간관계에서 대화는 매우 중요한 역할을 하며, 올바른 경청과 공감을 통해 더욱 풍요롭고 깊이 있는 관계를 만들어 갈 수 있습니다. 꾸준히 연습하다 보면 당신도 대화에서만큼은 육각형 인간으로 거듭날 수 있을 것입니다.

진솔함과 진정성이 담긴 대화의 힘

말이 가진 힘은 강력합니다. 하지만 모든 말에 무게가 있고 신뢰가 가는 것은 아닙니다. 같은 말이라도 어떤 말은 들었을 때 신뢰가 가고, 어떤 말은 신뢰가 안 가는 이유는 어떤 사람이 어떻게 말했는지가 다르기 때문입니다. 특히 진정성이 담긴 말과 전혀 그렇지 않은 말 사이에서 그 차이는 뚜렷하게 나타납니다. 우리는 누구나 진심으로 대화하기를 원합니다.

당신은 진솔함과 진정성이 담긴 말은 어떤 의미라고 생각하시나요? 각자가 생각하는 바가 다를 수 있지만 사전적 정의로는 '솔직함'입니다. 솔직하고 거짓 없는 말을 했는지는 말하는 사람이 스스로 인지할 수 있습니다. 이러한 정의를 현실에서 보다 쉽게 적용하도록 조금 더 풀어서 설명하겠습니다.

진정성이 담긴 말을 하려면 먼저 자기가 뱉은 말에 '책임'을 느끼는지 살펴봐야 합니다. 이는 일상생활에서 편하게 꺼내는 말 속에서 쉽게 알아볼 수 있습니다.

"오늘 오후 두 시에 헬스장에 가서 운동할 거야." 주말 아침, 당신이 이렇게 혼잣말을 했다고 해 봅시다. 사실 꼭 오후 두 시에 운동을 하지 않아도 됩니다. 게임을 하거나 영화를 보거나 아무것도 안 하고 쉬어도 큰일이 일어나지는 않습니다. 하지만 들은 사람이 없다고 해서, 혼자 내뱉은 말이라고 해서 이를 지키려고 노력하지 않는다면 아주 나쁜 습관으로 이어질 수 있습니다.

앞서 계속해서 강조했듯이 말을 잘하기 위해서는 올바른 '말하기 습관'을 만드는 과정이 필요합니다. 남들이 볼 때 진정성이 담긴 솔직한 말을 하는 사람이 되려면, 스스로에게 한 말도 지킬 수 있어야 합니다. 말하기가 어렵다고 생각하는 사람들은 보통 자기 말에 책임을 다하지 못해 진정한 소통을 어려워할 때가 많습니다.

말의 영향력을 아는 사람이라면 말을 쉽게 내뱉지 않습니다. 아무런 책임감도 없이 말하기 보다 차라리 입을 굳게 닫는 쪽이 상대에게 더 신중한 사람으로 비춰짐을 알기 때문입니다.

말에 져야 할 책임감에 대해 알았다면 이제 말하기 전에 상대방 입장에서 한 번 더 생각하는 과정이 필요합니다.

배우 제리 오코넬Jerry O'Connell은 이런 말을 했습니다.

"자신의 진실한 감정을 숨기고 다른 모두를 행복하게 해 주려는 노력은 당신을 착한 사람으로 만들어 주는 일이 아니라 당신을 거짓말쟁이로 만드는 일일 뿐이다."

많은 사람이 흔히 하는 실수입니다. 상대방 입장을 생각하며 말하라고 하면 '이 말은 상대방이 들으면 기분이 나쁠 테니 다른 말로 바꿔서 말해야지.'라고 생각하는 것입니다. 상황에 따라 필요 없는 말은 생략해야 하지만 상대방을 배려한다는 이유로 거짓을 만들어서 말하는 일은 바람직하지 않습니다.

'하얀 거짓말', '선의의 거짓말'처럼 상대방을 위해 하는 거짓말은 괜찮다고 말합니다. 하지만 우리가 여기서 집중해야 할 점은 '명확한 기준'입니다. 특정 상황에서는 상대방을 위해 불필요한 말을 하지 않는 쪽이 좋을 때가 있지만, 아무리 상대방을 위한 일이라고 해도 진실이 아닌 거짓을 진실처럼 전하는 일은 잘못된 행동입니다.

제가 경험한 '선의의 거짓말'을 예로 들어 보겠습니다. 제가 R&D 사업을 진행한 지 1년이 되던 시점이었습니다. 그 당시 함께 사무실에 출근하여 업무를 보던 팀원 A 씨에게 위탁업체에 연락하여 자사 제품 1,000개를 30일 내에 생산해 달라고 요청하라고 지시한 뒤, 외부 미팅이 잡혀 이동하였습니다. 그렇게 업무를 지시한 뒤 일주일이 흘렀고, A 씨에게 물었습니다.

"A 씨, 일주일 전에 얘기한 위탁업체에 제품 1,000개 생산 발주 잘 들어갔나요?" A 씨는 이 질문을 받았을 때 자신이 업무 지시를 잊고 아직 발주하지 않았다는 사실을 알고 있었습니다. 그러나 A 씨는 "네, 넣었습니다."라고 대답했습니다. 이에 저는 "30일도 촉박하니 위탁업체에 연락해서 생산 기한 꼭 맞출 수 있게 해 주세요. 더블 체크 부탁해요."라고 말했습니다. 이러한 대화가 오간 당일에는 아무 문제 없이 평화로운 분위기로 흘러갔습니다.

하지만 문제는 그다음 날이었습니다. A 씨는 뒤늦게 위탁업체에 생산 발주를 하려니 생산 기한이 30일이 아닌 일주일을 뺀 23일이라는 사실을 깨달았습니다. 위탁업체는 생산 기한이 촉박하다며 일정을 맞출 수 없다고 했습니다. 그제야 A 씨는 스스로 해결할 수 있는 문제가 아니라는 판단을 하게 되었고, 결국 저에게 자신이 한 거짓말과 현재 상황을 이야기하기 시작했습니다.

전말을 들은 저는 A 씨에게 실망했지만, 크게 문제 삼아 질타하고 싶지는 않았습니다. 우선 제가 할 수 있는 최선의 해결책을 모색해야 했습니다. 저는 먼저 위탁업체에 연락해 자사에서 사전 작업을 진행해 생산 기간을 단축하기로 협의하였습니다. 그런 다음 조속히 사전 작업을 진행해 결국 기간 내에 제품을 생산할 수 있었습니다.

이런 경우 타사에서는 어떻게 내부 문제를 처리하는지 몰랐지만, 저는 진솔한 대화로 대처했습니다. A 씨에 대한 처분은 질책이 아니라 해고로 결론이 났습니다. A 씨가 늦게 발주해서 생산 기한에 차질이 생긴 일은 적절한 대처로 해결할 수 있었습니다. 사람은 누구나 실수할 수 있지만, 그러한 실수에서 다시 방향을 잡고 나아가는 방식은 사람마다 다릅니다.

A 씨의 문제는 거짓말로 자신을 방어했다는 점입니다. 자신이 알고 있는 진실을 숨기고 다른 사람의 감정을 고려해 거짓으로 대답한 그 일로 A 씨가 평소부터 이어온 '말하기 습관'을 되짚어 보게 되었습니다. A 씨는 비슷한 상황이 다시 발생한다면 같은 방식으로 거짓말을 할 것이라는 확신이 들었습니다.

누구나 실수할 수 있습니다. 그렇기에 실수하더라도 기회는 주어야 한다고 생각합니다. 그러나 평소 상대를 위한다는 이유로 습관적으로 거짓말을 한다면 문제가 심각해질 수 있음을 기억해야 합니다.

제가 말하고자 하는 상대방 입장에서 한 번 더 생각하는 과정은 상대방을 위한다는 이유로 거짓을 진실처럼 전하라는 뜻이 아닙니다. 이는 해당 상황에서 불필요한 말을 제거하라는 의미입니다. A 씨와의 일화에서 제가 집중한 점은 A 씨가 왜 업무 지시를 실행하지 않았느냐가 아니었습니다. 그보다 문제 해결책을 찾는 일이 먼저였기 때문입니다.

거짓말로 생긴 문제에 대해 A 씨가 변명하지 않고 위탁업체와 협의해 해결 방안을 찾으려고 노력했다면 결과는 달랐을 것입니다. 누구에게나 당황스러운 상황이 찾아올 수 있습니다. 이때 우리는 '자신을 방어하기 위한 말'이 아니라 '자신의 생각과 상대방 입장을 모두 고려한 말'을 찾아 전달해야 합니다.

거짓 없는, 진정성이 담긴 말은 대화의 기본 요건입니다. 말은 그 자체로 강력하므로 책임감을 갖고 사용해야 하며, 상대방 입장도 신중히 고려해야 합니다. 이러한 과정을 통해 우리는 보다 건강하고 의미 있는 대화를 나눌 수 있습니다. 서로에 대한 신뢰를 통해 비로소 진정한 소통을 이룰 수 있습니다.

관계는 한담에서부터 시작된다

"영준아, 오늘 뭐 해? 시간 있어?" 친구에게 최근 가장 많이 들은 질문입니다. 평소 저와 자주 연락하는 친구는 한두 명뿐입니다. 당신도 아마 대화하면 특히 잘 통하고 마음이 편안한 친구가 있을 것입니다.

이런 친구에게 "우리는 대화 코드가 잘 맞는 것 같아."라고 표현하곤 합니다. 이번에는 이 '대화 코드'를 주제로 살펴보겠습니다. 사람마다 대화 코드가 다른 이유는 무엇일까요?

인생에서 진정으로 소중한 인간관계는 단 세 명이라고 합니다. 바로 부모, 자식 그리고 믿을 수 있는 친구 한 명입니다. 많은 사람이 수많은 인간관계 속에서 깊은 상처를 받기 때문에 이러한 믿음이 생겼다고 합니다. 그러나 이 세 명은 두 가지 그룹으로 나눌 수 있습니다. 부모와 자식은 혈연으로 연결되어 있지만, 친구는 일반적인 인간관계와 크게 다르지 않기 때문입니다. 그럼에도 불구하고 친구가 부모와 자식과 같은 소중한 인간관계에 들어가는 이유는 서로의 대화 코드가 잘 맞기 때문일 것입니다. 하지만 아무리 대화 코드가 잘 맞더라도 서로에 대한 신뢰가 없다면 그 관계는 무의미할 것입니다.

누구나 다 아는 사실이지만 사람마다 살아온 환경이 다르기에 사고방식 또한 다르게 형성됩니다. 그렇기에 대화 코드는 다를 수밖에 없습니다. 더욱 명확한 이유는 '우선순위'가 다르다는 것입니다. 자기에게 가장 중요한 게 무엇인지에 따라 다른 사람의 말을 해석하고 반응하는 방식이 다릅니다.

친구에게 "영준아, 오늘 뭐 해? 시간 있어?"라는 질문을 받았던 날, 제가 보고서를 제출해야 하는 상황이라고 가정해 보겠습니다. 이때 대화의 우선순위에 따라 다음과 같이 답변할 수 있습니다.

첫 번째, 대화의 우선순위를 '친구와의 관계'에 두었을 때 제 대답은 이럴 것입니다.

"왜, 무슨 일이야? 오늘 제출해야 하는 보고서가 하나 있어. 근데 그 외에는 시간 비울 수 있어! 미리 시간 말해 주면 맞춰 볼게." 이런 대답을 받는 친구는 답변에서 우정에 대한 진정성을 느낄 것입니다.

두 번째, 대화의 우선순위를 '나의 이익'에 두었을 때 제 대답은 이럴 것입니다. "바쁘긴 한데, 왜?" 이 경우에는 실제 상황과는 무관하게 친구의 요구에 따라 대화의 방향을 바꾸려는 취지입니다. 평소 친한 사이인데도 이렇게 대답한다면 친구는 저에게 실망할 수 있습니다.

'대화 코드가 맞는 친구'는 친구와의 관계를 중시하며 말하는 사람입니다. 이렇게 상대방의 무게 중심을 이해하는 것이 진정한 관계를 형성하는 데 중요한 요소라고 할 수 있습니다.

대화가 매끄럽게 이루어지기 어려운 이유는 갑작스러운 상황에서 적절히 반응하고 말하기가 매우 어렵기 때문입니다. 그렇기 때문에 올바른 말하기 습관을 길러야 합니다. 이 습관은 비교적 가까운 관계인 부모, 자식, 친구와의 대화에서부터 실천해야 합니다.

앞서 말씀드렸듯이 '한담'은 '심심하거나 한가할 때 나누는 이야기. 또는 별로 중요하지 아니한 이야기'입니다. 보통 말하기 습관은 한담에서 드러납니다. 그렇기에 말을 잘하려면 가까운 사람과 하는 한담에서 자신의 말하기 습관을 돌아봐야 합니다.

처음에는 어색하게 느껴지던 친구가 어느 순간부터 대화 코드가 잘 맞는다고 느껴질 때가 있습니다. 그렇게 대화 코드가 맞고 우선순위가 비슷한 사람이 자연스럽게 주변에 모이게 됩니다. 따라서 본인의 대화 코드와 우선순위를 긍정적으로 만들어 간다면 주변에도 긍정적인 사람들이 늘어날 것입니다. 이렇듯 긍정적인 변화는 곧 좋은 관계로 이어집니다.

대화 코드가 서로 잘 맞는 친구와의 소통에서 중요하게 여겨야 할 점은 진정성을 담아 대화하는 것입니다. 상대방 말에 귀 기울이고, 그에 대해 적절하고 솔직한 반응을 보임으로써 상대방에게 신뢰를 줄 수 있습니다. 친구와의 관계를 예로 들어 보자면 친구가 고민을 털어놓았을 때 먼저 친구 이야기를 잘 들어 주고, 문제가 무엇인지 함께 고민해 보아야 합니다. 친구의 고민에 대한 생각을 나누면서 관계는 깊어집니다. 이런 방식으로 대화를 하다 보면 서로의 대화 코드는 더욱 잘 맞게 되고 신뢰도 깊어지게 됩니다.

진정성은 그 자체를 탐구하는 일만으로도 많은 이점이 있습니다. 사람은 진솔한 대화에서 특별한 느낌을 받습니다. 그런 대화는 대개 서로를 이해하고 존중한다는 감정에서 비롯되기 때문입니다. 누군가에게 진심으로 관심을 쏟고 그 사람의 말에 귀 기울인다면 자연스럽게 대화가 더 잘 되고 깊은 관계로 발전할 가능성도 커집니다.

대화를 통해 서로의 우선순위를 이해하는 일은 단순히 상대방의 말을 듣는 일이 아닌 그의 삶에 관해 알아가는 일입니다. 대화 과정에서 상대방이 무엇을 중요하게 여기는지, 어떤 고충을 겪는지를 이해하게 되면 더욱 깊이 있는 관계를 형성할 수 있습니다. 이 과정에서 자기 자신에 대한 통찰도 생겨날 수 있습니다.

이제 당신에게 묻겠습니다. "친한 친구와 대화할 때 당신은 어디에 우선순위를 두시나요?" 당신의 대화가 상대방을 배려하는 방식으로 바뀐다면 이는 진정한 친구를 사귀는 시작점이 될 것입니다. 아무리 편안한 친구 관계이더라도 대화할 때 상대방 이야기에 귀 기울이는 태도를 유지해야 합니다.

대화는 두 사람이 서로의 존재를 확인하고 관계에 깊이를 더하는 기회입니다. 우리는 각각의 대화 코드를 가지고 있으며, 서로의 소통 방식을 이해하고 존중함으로써 더 큰 이해와 공감을 만들어 갈 수 있습니다. 진정한 친구가 되고 싶은 사람이 있다면 대화할 때 상대방의 감정과 우선순위를 염두에 두고 말하는 연습을 해 보세요. 그렇게 하면 대화 코드가 자연스럽게 닮아 가고 더욱 건강한 관계를 구축하고 지속할 수 있을 것입니다. 이는 단지 대화의 기술이 아니라 인생에서 중요한 인간관계를 만들어 가는 방법이기도 합니다.

66

나부러 이해하고
설득하기

99

흔히 "누군가 꽃을 가져다주기를 기다리지 말고 자신만의 정원과 꽃을 가꿔라.", "내가 나를 아끼지 않으면 아무도 나를 아끼지 않는다." 이러한 말을 합니다. 내가 먼저 나를 믿어 주라는 메시지입니다. 정도의 차이가 있겠지만 사람은 누구나 인정 욕구가 있습니다. 자신이 무언가를 잘했다고 느낄 때 누군가에게 인정받고 싶어하는 심리입니다. 하지만 외부의 인정에 과도하게 의존하게 되면 자기 가치를 타인의 평가에 따라 좌우하게 되므로 주의해야 합니다.

우리가 '말을 잘하는 사람'이 되기 위해 노력하는 일도 어쩌면 다른 사람에게 대단한 사람이나 현명한 사람으로 보이기 위함일지도 모릅니다. 이런 노력은 결코 잘못된 이유가 아닙니다. 인간은 사회적 존재이고 그 안에서 가치와 의미를 만들며 살아가는 존재이기 때문입니다.

하지만 여기서 한 가지 유념해야 할 점이 있습니다. 아무리 남들 보기에 좋다 하더라도 스스로가 인정하지 못하는 점이라면 붙잡아서는 안 된다는 것입니다. 그 이유는 간단합니다. 남들 시선과 말은 '책임'이 없기 때문입니다. 예를 들어 보겠습니다.

당신은 아이돌 데뷔를 준비하는 연습생입니다. 5년간의 연습생 생활 중 평소에 꼭 가고 싶었던 소속사에서 진행하는 오디션을 볼 기회가 생겼습니다. 오디션에서 기회는 단 한 곡, 단 한 번뿐입니다. 자신 있는 두 곡 중 하나는 신나는 곡, 다른 하나는 잔잔한 곡입니다. 당신은 결정이 어려워지자 친구에게 조언을 구합니다. 대화를 하다 보니 자신의 생각은 신나는 곡으로 약간 기울었지만 친구는 잔잔한 곡이 더 잘 어울린다고 주장합니다.

확신이 없던 당신은 결국 친구의 조언대로 잔잔한 곡으로 오디션을 준비합니다. 그런데 평론가는 당신에게 신나는 곡이 더 잘 어울린다는 아쉬운 평가를 합니다. 그렇다면 당신은 친구를 원망할 수 있을까요? 친구는 조언해 주었을 뿐 최종 선택은 자신이 했기 때문에 책임을 묻기는 어렵습니다. 이는 우리가 남들의 인정을 추구할 때도 마찬가지입니다. 스스로 확신이 서지 않는 일이라도 어떠한 책임도 없는 타인의 말에 중요한 선택이 좌지우지되어서는 안 됩니다.

당신이 어떤 것을 준비하며 투자한 시간과 노력은 전적으로 당신의 것이며, 긍정적이든 부정적이든 그 과정에서 배운 것들은 당신의 경험으로 남습니다. 이는 그 누구도 부정할 수 없는 사실입니다. 그렇게 결과가 좋지 않더라도 자신의 선택에 책임을 느끼고 다음 단계로 나아가는 것은 전적으로 당신의 자유입니다.

사람들은 말을 잘하려고 노력하면서도 스스로를 평가하는 기회는 자주 놓칩니다. 말할 때도 타인의 평가를 그대로 받아들일 게 아니라 자신이 얼마나 그 의견에 동의하는지를 생각해 봐야 합니다.

스스로를 어떻게 평가해야 할지 어려움을 느낄 수 있습니다. 그래서 혼자서도 점검할 수 있는 아주 쉬운 방법을 소개하려고 합니다. 바로 앞에서도 소개한 바 있는 '셀프 촬영'입니다. 처음에는 자신의 모습을 촬영하고 그 영상을 보는 일이 어색할 수 있습니다. 그러나 상황을 가정해 대화하는 연습을 하다 보면 점점 그 상황에 몰입이 되어 자연스럽게 말할 수 있고, 자기 모습을 점검하는 과정도 편안해집니다. 이러한 연습이 한순간에 마법처럼 즉각적인 변화를 가져다주지는 않겠지만, 반복해서 연습한다면 분명 긍정적인 변화가 일어날 것입니다. 영상을 보며 자신의 말하기를 점검할 때 단점을 찾아내는 일이 우선입니다. 자신의 말하기 단점은 일부러 찾지 않는 이상 인식하기 어려우므로 단점에 중점을 둘 필요가 있습니다. 평가 후에는 단점을 보완할 수 있도록 오답 노트를 만들어 연습에 반영합니다. 이 과정을 습관화한다면 놀라운 변화가 시작될 것입니다.

처음 겪는 상황에서 말할 때는 긴장해서 떨거나 말이 꼬이는 경우가 많습니다. 이럴 때 스스로 녹화한 영상을 보며 어떤 점이 어색했는지 분석하고 이를 바탕으로 여러 상황을 시뮬레이션하여 반복 연습하면 점차 자신감이 생겨납니다. 이는 말하기 능력뿐 아니라 자신을 표현하는 데 더 자유로워진다는 점에서 중요합니다.

연습의 반복이 단순한 습관으로 이어질 뿐만 아니라, 궁극적으로 당신의 인생을 변화시키는 '성공 플랜'으로 발전할 것입니다.

자신이 하는 말을 듣고, 그 힘이 얼마나 강력한지를 깨닫는 일은 당신이 원하는 자신을 이루는 첫걸음입니다. 이제는 더 이상 남의 시선에 기대기보다 스스로를 돌보고 인정하는 용기를 가지세요. 이는 당신이 원하는 목표를 달성하는 데 꼭 필요한 요소입니다. 당신이 이루고 싶은 목표는 스스로가 가장 잘 아는 만큼, 그 목표를 향해 적극적으로 나아가시기를 바랍니다.

비즈니스 대화와
사적 대화

한 가지 스포츠 종목에서 뛰어난 실력을 갖춘 사람은 다른 스포츠 종목에서도 비슷한 수준의 성취를 이룰 가능성이 높습니다. 이는 종목별 특성이나 규칙이 다르더라도 기본적으로 운동 신경이 발달되어 있기 때문입니다. 이런 원리는 다른 분야에서도 관찰할 수 있습니다. 예를 들어 집안일을 자주 해서 손이 빠른 사람은 카페나 음식점, PC방 같은 환경에서도 빠르게 적응하여 업무를 잘 수행할 가능성이 큽니다. 여러 경험이 중요하긴 하지만 특정한 일을 통해 습득한 역량이 다른 분야에도 긍정적인 영향을 미칩니다.

자신을 어필할 때 한 가지 업무에 집중해 그 성과를 토대로 여러 일을 잘할 수 있다는 점을 강조하면 매우 효과적입니다. 자신의 강점을 부각시키면 평가하는 사람으로 하여금 자신을 경쟁력 있는 인재로 인식하게 할 수 있습니다. 현대 사회에서는 다양한 경험과 스킬이 요구되지만, 사람은 모든 일을 다 잘할 수 없습니다. 그렇기 때문에 특정 분야에서 두각을 나타내는 능력이 매우 중요합니다. 이를 업무 시간은 물론 개인 시간에 잘 활용할 줄 아는 사람은 더욱 많은 기회를 갖게 됩니다.

말하기 환경은 크게 일상생활과 사회생활로 나뉩니다. 사람은 대부분 이 두 시간대에 풍기는 분위기와 사용하는 언어에 차이가 납니다. 사회생활을 할 때는 상대적으로 격식 있고 무게감 있는 표현이 요구되며, 이는 업무 환경의 분위기를 반영합니다. 반면 일상생활에서는 비교적 가벼운 분위기에 편안한 대화가 주를 이룹니다.

주목할 점은 업무상 상대방을 설득해야 할 때, 일상생활에 사용하는 대화 방식이 큰 역할을 할 수 있다는 것입니다. 즉 자기 의견을 피력하려는 방식이 아닌 상대를 이해시키고 설득할 부드러운 화법이 필요한 때가 있습니다. 평소 쌓아 둔 소통 경험이 이때 발휘됩니다.

정리해 보자면, 일상생활에서 소통하는 연습이 잘 되어 있는 사람이 사회생활에서도 원활한 소통을 이루기 쉽습니다. 그렇기에 사회적 성공을 이루려는 목적으로 비즈니스 커뮤니케이션 스킬을 익히려는 사람들에게 다른 방향으로 접근해 보기를 조언합니다.

경제적 성공을 이루려면 특정한 분야에서 깊은 이해력과 전문성을 가져야 합니다. 사람들은 동시에 여러 가지 일에 손을 대지만, 결국 한 가지에 충분히 몰입하지 않으면 성과를 내기 어렵습니다. 이처럼 자기 능력을 남과 비교하고 정확하게 판단하지 못하면 결국 성공은커녕 하려고 하는 의지마저 잃게 됩니다.

자수성가한 사람들 사이에 공통점이 있습니다. 그들은 '자신만의 대화 방식'을 가지고 있다는 것입니다. 그들은 단순히 말을 잘하는 재능을 타고난 게 아닙니다. 오랫동안 경험과 훈련을 통해 자신만의 스타일을 정립해 온 경우가 많습니다. 즉 일상생활에서부터 사회생활에 이르기까지 자기만의 커뮤니케이션 방식으로 사람들과의 관계를 쌓아가며 성장할 수 있었던 것입니다.

당신도 자신의 대화 방식을 돌아봐야 합니다. 딱딱하고 불편한 표현을 써야 한다는 뜻이 아닙니다. 다만 상대방의 이야기나 질문에 대해 책임감 있게 대처하고, 무심코 지나칠 수 있는 표현이 아닌, 깊이 있는 반응을 할 수 있어야 합니다. 이렇게 하면 일상생활에서도 사회생활에서도 더 깊은 신뢰 관계를 형성할 수 있게 될 것입니다. 상대방이 무엇을 원하는지에 대한 이해와 이를 바탕으로 진행하는 대화는 업무 성과에도 긍정적인 영향을 미칩니다.

신뢰를 바탕으로 한 관계는 서로 간의 협력과 창조성을 더욱 증진시킬 수 있습니다. 팀워크가 중요한 프로젝트에서는 각자의 대화 방식이 조화를 이룰 때 그 효과가 배가되는 것처럼 말입니다. 팀원들이 서로의 의견을 존중하며 열린 대화를 나누면, 각자의 역량이 극대화되어 훌륭한 결과물을 낳을 수 있습니다. 이는 단기적인 성과뿐만 아니라 장기적인 비즈니스 관계에도 긍정적인 영향을 미침으로써 서로의 성장에 기여하게 됩니다.

일상에서 사용하는 대화의 패턴이 사회생활에도 잘 통하는 것은 결국 그 대화의 본질이 사람 간의 이해와 소통에 기반하기 때문입니다. 따라서, 우리가 대화할 때는 어떤 상황에서도 진심이 담긴 의견을 전달하는 것이 중요합니다. 자신의 주장을 피력하는 일뿐 아니라 상대방의 의견을 경청하고 존중하는 태도가 일상생활은 물론 사회생활에 커다란 차이를 만들 수 있습니다.

말이 잘 통한다는 인상을 주는 일은 단순히 상대의 기분을 좋게 하려는 목적이 아닙니다. 이는 상대방에게 고민이나 기분을 이해하고 있다는 신호를 보내는 것입니다. 따라서 당신의 말하기 방식을 보다 발전시키고 자신만의 스타일을 확립하는 것이 중요합니다. 감정적이지 않으면서도 명확하고 논리적으로 자신의 의견을 전달할 수 있다면, 어느 자리에서든 원활한 소통을 이어갈 수 있을 것입니다.

자신만의 '말하기 방식'을 정립하려면 자주 자기 피드백을 하면서 실전 경험을 통해 점차 다듬어 나가는 과정이 필요합니다. 다른 사람들과의 대화에서 어떤 부분이 잘 작동했는지 어떤 부분에서 오해가 발생했는지를 분석해 보세요. 이러한 실천은 시간이 지날수록 당신의 의사소통 능력을 한층 더 강화해 줄 것입니다.

스스로에게 던질 질문은 매우 간단합니다. '내가 어떤 대화를 나누고 있는가?', '상대방에게 어떤 영향을 미치고 있는가?'입니다. 이러한 질문에 대한 답을 찾기 위한 노력은 당신의 대화 방식을 발전시키는 데 필수적인 열쇠가 될 것입니다. 사람 간의 상호작용은 우리가 만들어 가는 것이므로, 이를 통해 더 나은 결과를 이끌어 낼 수 있도록 노력해 보세요.

말하기 기술과 습관은 일종의 훈련입니다. 스스로 부여한 기준에 맞추어 대화를 진행하다 보면, 대화 방식이 뚜렷해지고, 주변에서 당신을 어떻게 인지하게 될 것인지에 대한 인사이트를 얻을 수 있습니다. 시간이 흐르는 가운데 일정한 기준 아래 대화를 진행해나가면 주변 사람들은 저절로 당신을 신뢰하고 존중하게 될 것입니다.

지금은 '자기 PR의 시대'라고 합니다. 이러한 시대적 흐름 속에서 말하기 능력은 성공의 필수 요소로 자리 잡고 있습니다. 따라서 일상에서부터 비즈니스 환경에 이르기까지, 말하기 방식을 교정하고 개발하는 것은 당신의 직업적 성공에 기여할 것입니다.

갈등 해결을 위한
대화의 기술

'갈등'이라는 단어를 국어사전에서 찾아보면 다음과 같이 정의됩니다. '칡과 등나무가 서로 얽히는 것과 같이, 개인이나 집단 사이에 목표나 이해관계가 달라 서로 적대시하거나 충돌함. 또는 그런 상태.'

사람은 살아가면서 수많은 갈등을 겪게 됩니다. 사소하게는 아침에 알람 소리에 깨서 누워 있을지, 아니면 바로 일어나서 하루를 준비할지 많은 사람이 매일 '내적 갈등'을 겪습니다.

내적 갈등은 내 마음속에서 발생하며 자신의 가치관, 신념, 감정이나 욕구가 충돌할 때 나타납니다. 쉽게 말해 '선택의 고민'이라고 할 수 있습니다. 또 다른 형태의 갈등으로 '외적 갈등'을 들 수 있습니다. 외적 갈등은 나와 외부 환경 사이에 발생하는 갈등으로 다른 사람이나 집단, 사회적 요인 간의 갈등을 의미합니다. 이러한 갈등은 일반적으로 대화, 행동, 의견의 차이로 인해 발생합니다. 이 두 가지 갈등은 서로 다른 상황과 이유로 발생하는데 사람들은 대개 외적 갈등을 해결하는 데 어려움을 겪습니다.

외적 갈등을 해결하는 데 어려움을 겪는 이유는 상대방으로 인한 '변수' 때문입니다. 인간은 매일의 감정, 태도, 기분에 따라 말과 행동이 달라지기 때문에 자기 감정은 잘 파악하지만, 타인의 감정까지 완벽하게 이해하고 이를 고려하며 갈등을 해소하기란 어렵습니다.

미국의 기술자이자 포드 모터 컴퍼니를 설립한 기업인 헨리 포드Henry Ford는 "성공의 비결이 하나 있다면, 자신의 관점은 물론이고 상대방의 관점을 파악하고 그 사람의 관점에서 사물을 보는 능력에 있다."라고 말했습니다. 사람의 행동은 시시각각 변하는 감정에 따라 달라집니다. 내 감정에 따른 행동은 예측할 수 있지만, 타인의 감정과 그에 따른 행동을 예측하는 일은 특별한 능력이라고 할 만큼 어렵다는 것입니다.

결국 이러한 외적 갈등을 해소하려면 '대화의 기술'을 아는 것이 중요합니다. 이제 내적 갈등과 외적 갈등에 대해 당신이 알고 실천해야 하는 기술에 대해 말씀드리겠습니다.

외적 갈등을 해소할 수 있는 치트키 중 하나는 '나' 메시지입니다.

예를 들어 직장 동료와 회의를 진행 중에 당신의 발언이 중간에 끊겼다고 가정해 봅시다. 회의가 끝난 뒤 직장 동료에게 이렇게 말한다면 어떤 일이 벌어질까요?

"너는 항상 내 의견을 무시해! 너무 이기적이야. 중간에 끊지 말고 다음부터는 끝까지 들어 줘."

이러한 표현은 갈등을 해결하기보다는 오히려 깊은 갈등으로 악화될 가능성이 높습니다. '너는', '네가' 등 상대방을 지칭하는 주어가 그 원인입니다. 이 주어를 사용하는 순간 갈등 해소는커녕 악화로 가는 지름길로 들어서게 됩니다. 내적 갈등에서도 비슷한 문제가 발생할 수 있습니다. 예를 들어 촉박한 일정에 두 가지 프로젝트를 마감해야 할 때 "누가 내게 이런 상황을 만들어 놓은 건지 정말 불쾌하고 짜증 나."라고 한다면 타인과 상황을 탓하고 부정적으로 바라보려는 것이기 때문에 내적 갈등이 깊어집니다.

반면에 나 메시지를 사용한다면 다음과 같은 표현이 가능합니다. 외적 갈등 상황에서는

"나 오늘 회의에서 네가 내 의견을 끝까지 듣지 않아서 속상했어. 다음번에는 내가 말할 때 좀 더 들어 주면 좋겠어."

내적 갈등 상황에서는

"두 프로젝트 마감이 다가와서 내가 고민이 너무 많은 것 같아. 둘 모두 중요해서 뭘 더 우선시해야 할지 결정하기가 쉽지 않아. 이 상황에서 어떤 방식으로 결정하는 게 좋을지 고민해 보자."

미국 작가 루이스 L. 헤이Louise L. Hay는 "자신의 생각과 행동을 돌아보는 것이 시작이다. 나에게는 변화가 필요함을 인식하는 일이 첫걸음이다."라고 말했습니다. 다양한 상황에서 발생하는 갈등을 해소하려면 '자기 중심적인 사고'에서부터 시작할 필요가 있습니다. 입 밖으로 내뱉는 말의 첫 시작을 상대방을 지칭하는 주어가 아닌 본인을 나타내는 주어로 시작해 주시기 바랍니다. 이 간단한 기술이 내적 갈등의 해결뿐만 아니라 외적 갈등의 해소에도 큰 도움이 될 수 있습니다.

다음으로 외적 갈등을 해결하기 위한 대화의 기술 중 하나로 '감사 표현 사용하기'를 소개하겠습니다. 이해를 돕기 위해 앞서

사용했던 예시를 계속해서 참고하겠습니다. 당신이 회의 중 직장 동료의 발언에 말이 끊겼고, 결과적으로 그 동료의 의견이 수용되어 상사에게 칭찬을 받았다고 가정해 보겠습니다. 만약 갈등 해결을 위한 대화에서 "네가 방금 내 말을 끊었던 의견은 나쁘지 않았어. 하지만 다음에는 좀 더 예의를 갖추어 주었으면 좋겠어."라고 말한다면, 상대방에게 비난의 뉘앙스를 줄 것이며 대화의 분위기를 부정적으로 만들 것입니다.

대화에서 시작과 끝은 매우 중요합니다. '네가 방금 내 말을 끊었던'이라는 구절은 상대방에 대한 비난으로 시작되고, '의견이 나쁘지는 않았어'라는 표현은 일종의 조건부 긍정으로 상대방의 기분을 상하게 할 수 있습니다. 또한 "다음에는 좀 더 예의를 갖추어 주었으면 좋겠어."는 상대방에게 엄격한 요구로 받아들여져 방어적인 반응을 일으킬 가능성이 큽니다. 이러한 부적절한 표현들은 갈등을 해결하기보다는 오히려 더 악화시킬 수 있습니다.

반면 감사 표현을 사용하면 다음과 같이 말할 수 있습니다. "내가 먼저 의견을 말씀드리다가 중간에 끊긴 것에 대해 조금 불편했지만, 너의 새로운 아이디어가 정말 중요하더라. 그 덕분에 우리가 더 나은 결정을 내릴 수 있었던 것 같아. 앞으로 의견을 나눌 때는 서로 조금 더 원활하게 이야기할 수 있도록 노력해 보면 좋겠어. 함께 협력해 줘서 고마워." 이는 갈등의 원인을 명확히 하면서도 자신의 감정을 솔직하게 표현하고, 미래의 소통에 대한 제안을 전달함으로써 긍정적인 대화를 이끌어낼 수 있습니다.

이처럼 상대방에 대한 비난과 강한 요구가 아닌, 감사 표현을 통해 자신의 감정을 전달하는 것이 외적 갈등 해결의 중요한 기법입니다. 갈등은 피할 수 없는 것이지만, 어떻게 해결하는가에 따라 대화의 분위기와 품격이 달라집니다. 갈등을 명확하게 인식하고 타협점을 찾기 위해 서로의 의견을 존중하며 소통하는 것이야말로 성공적인 관계 유지를 위한 열쇠입니다.

갈등을 해결하려면 '경청하기'라는 기술도 중요합니다. 상대방의 말을 제대로 듣고 이해하는 과정은 갈등 해결의 기본입니다. 경청은 단순히 상대방의 말을 들어주는 것이 아니라, 그들의 감정과 의도를 파악하고 공감해 주는 것을 포함합니다. "네 말을 제대로 듣고 싶어."라고 말하며 대화를 시작하는 것은 상대방에게 존중을 전달하고 갈등 해결의 첫 걸음을 내딛는 것입니다. 경청을 통해 상대방의 입장을 이해하고, 상대방 또한 자신의 의견을 존중받고 있다는 느낌을 받을 수 있습니다.

이 모든 기술들은 당신의 내적 갈등을 해결하고, 외적 갈등을 원만하게 해소하는 데 큰 도움이 될 것입니다. 대화를 통해 갈등을 해결하려는 노력은 나와 상대방 모두에게 긍정적인 결과를 가져오는 길이 될 수 있습니다. 당신은 갈등이 생겼을 때 부정적인 감정을 드러내기보다는 긍정적인 의도로 대화를 이끌어가고, 서로의 입장을 이해하고 존중하는 것이 중요하다는 사실을 기억해야 합니다.

적절한 대화의 기술을 통해 갈등을 해결하면 개인의 성장뿐만 아니라 관계의 질도 높아질 것입니다. 매일의 작은 갈등을 통해 배우고 성장하며, 더 나은 소통을 위해 노력하는 것이 당신의 삶을 한층 풍요롭게 할 것입니다.

이번 글을 통해 내적 갈등 및 외적 갈등을 정확히 이해하고, 효과적인 대화 기법을 습득하여 갈등 해소에 도움이 되기를 바랍니다. 갈등의 해결은 당신의 일상에서 중요한 역할을 하며, 자기 발전의 기회로 작용할 수 있습니다.

66

질문의 힘과
피드백으로 신뢰를 쌓는 법

99

　누군가와 원활한 대화를 이어 가려면 '같은 페이지에 있는 것'
이 중요합니다. 쉽게 말해, 대화의 주제와 목적이 일치해야 한다
는 의미입니다. 많은 사람이 이 개념을 머리로는 이해하지만, 이
를 실천하는 방법을 모르는 경우가 많습니다. 그래서 여기에서는
상대방과 대화의 장場에 함께할 수 있도록 만드는 방법을 알아보
겠습니다.

　모든 대화에는 '목적'이 있습니다. 목적 없이 나누는 대화는 거
의 없습니다. 위로와 공감을 받기 위한 대화, 자신의 지식을 전달

하기 위한 대화 등 목적 없이 나누는 대화는 거의 없습니다. 그런데 대화 목적이 서로 다를 경우 한쪽이 그 목적을 포기해야 하는 상황이 생길 수 있습니다.

예를 들어 친구 둘이 오랜만에 만나서 "이제 뭐 하지?"라는 공통 주제를 가지고 대화를 나눈다고 가정해 봅시다. A는 이미 식사를 했고, 밖에서 놀고 싶어 합니다. B는 배가 고파서 식사를 하고 싶어 합니다.

이렇게 서로 원하는 목적이 다를 때 두 사람의 대화를 마무리하려면 목적을 조율해야 합니다. 결국 한 명이 자신의 목적을 포기해야 하는 상황이 올 수 있습니다. 이때 어떻게 대화하느냐가 중요합니다.

만약 A가 "나 밥 먹었으니까 밖에서 놀자."라고 말한다면, B는 불편함을 느낄 수 있습니다.

반면 A가 "우리 이제 뭐 할까? 혹시 밥은 먹었어?"라고 물어본다면, B의 상황을 고려한 대화가 이루어집니다.

이처럼 질문을 활용하면 상대방의 상황과 감정을 이해할 수 있고, 원활한 대화를 이끌어 낼 수 있습니다.

질문을 한다고 해서 무작정 물음표만 붙여서는 안 됩니다. 좋은 질문이 되려면 상대의 답변을 받아들일 준비가 된 상태에서 질문해야 합니다. 앞서 예로 든 질문처럼 "난 이미 밥 먹었는데, 너도 당연히 먹고 온 거지?"라고 묻는다면 상대방도 불쾌하고, 질문자도 원하는 답을 듣지 못해 불편한 상황이 될 수 있습니다.

부드러운 대화 흐름을 만들려면 상대의 상황을 고려해 물어야 합니다.

"우리 이제 뭐 할까? 혹시 밥은 먹었어?"

이 두 질문에는 질문자가 답을 미리 정해 놓았느냐, 아니면 진심으로 상대의 의견을 듣고자 하느냐에 차이가 있습니다. 질문은 내가 원하는 답을 유도하는 도구가 아니라 상대방이 솔직하게 말할 수 있도록 돕는 수단이 되어야 합니다.

대화에서 우리는 '짐작'을 버려야 한다는 점을 반드시 기억해야 합니다.

"너는 이렇게 생각하지?" 하고 상대방을 미리 단정 지어 묻는다면 강요하는 느낌을 줄 수 있습니다. 그러면 어떻게 질문해야 할까요?

"너는 어떻게 생각해?"

상대의 의견을 존중하는 태도는 대화의 기본 요건입니다.

우리는 으레 상대방을 짐작하고 익숙한 패턴에 따라 대화하려는 경향이 있습니다. 그러나 상대가 다르게 생각할 가능성을 열어두지 않는다면, 대화는 억압적으로 흐를 수 있습니다. 짐작이 상대방을 불편하게 만드는 이유는, 그 사람이 실제로 느끼는 감정이나 생각을 무시하고 자신의 예상에 맞춰 대화를 끌어가려 하기 때문입니다.

특히 첫 만남이나 중요한 회의나 면접, 갈등 해결 과정에서는 이 짐작이 큰 오해를 불러일으킬 수 있으므로 더욱 신중해야 합니다.

따라서 상대방의 생각을 열린 마음으로 받아들이고, 올바른 질문을 던지는 연습이 필요합니다.

신뢰를 쌓는 대화는 단순한 정보 교환이 아니라 상대가 소속감을 느끼도록 하는 과정입니다. 그러려면 먼저 상대방이 '대화의 일부'라고 느끼도록 말해야 합니다. 그러기 위해서는 일방적인 전달이 아닌 쌍방향 소통이라는 점을 유념하고, 상대방의 감정을 존중하는 태도를 유지해야 합니다. 이러한 과정이 쌓였을 때 상대방은 존중받고 있다고 느끼고, 대화의 질이 높아집니다.

대화 도중 상대방에게 이런 질문을 던져 보십시오.

"너는 어떻게 생각해?"

"이번 주말에 뭘 할 계획이야?"

"네가 이 상황에서 중요하게 생각하는 건 뭐야?"

이러한 개방형 질문을 던지면 상대방은 자신의 의견과 감정을 더욱 자연스럽게 표현할 수 있습니다.

질문을 할 때는 경청하는 태도도 중요합니다. 상대방의 답변에 귀 기울이고 진심으로 공감하는 표현을 한다면 신뢰를 형성하는 데 큰 도움이 됩니다.

신뢰를 쌓는 대화는 한 번의 시도로 완성되지 않습니다. 올바른 질문을 지속적으로 던지는 연습을 해야만 합니다. 상대의 의견을 존중하고, 상대가 말할 수 있는 환경을 만들어 주어야 합니다. 이러한 연습을 하다 보면 대화의 질이 높아질 뿐만 아니라 인간관계도 더욱 풍부해질 것입니다.

대화의 목적이 다를 때 우리는 상대의 의견을 존중하고 올바른 질문을 던지며 '짐작'에서 벗어나 '질문'으로 나아가야 합니다. 이러한 훈련을 실천하면, 대화의 흐름이 자연스럽게 이어지고 신뢰가 형성됩니다.

질문을 활용한 대화의 기술은 우리의 소통 방식을 변화시키고, 관계의 질을 높이는 강력한 도구가 될 것입니다.

PART
3

나만의 이야기를
설득력 있게
전달하기

자신의 경험과 스토리를 발굴하는 법

'경험'과 '스토리'는 긴밀한 관계를 맺고 있습니다. 바로 경험 속에서 이야기가 탄생하기 때문입니다. 다시 말해 경험이라는 커다란 범주 안에 스토리가 포함된다고 볼 수 있습니다. 이번에는 지난 전국 창업스토리 경진대회에서 수상한 제 '사업 스토리'를 예로 설명하고자 합니다.

제가 설립한 '주식회사 바이웨이스트'는 국내 폐소방호스를 업사이클링해 내구성이 뛰어난 반려동물 장난감을 제조하는 기업입니다. 2022년에 창업했고 현재도 '터그 놀이 장난감'을 판매하고 있습니다. 사업을 시작한 후 가장 많이 들은 질문은 바로 "왜 반려동물 사업을 시작하게 되었나요?"였습니다.

제가 반려견에게 깊은 관심을 가지게 된 것은 어린 시절로 거슬러 올라갑니다. 저는 강아지와 함께 시간을 보내는 것을 무척 좋아했지만, 가정 형편이 어려워 강아지의 기호와는 상관 없이 가격이 저렴한 장난감이나 간식만 골라 선물해 주곤 했습니다. 그럴 때마다 강아지에게 미안한 마음이 들었고 언젠가 돈을 많이 벌어 좋은 장난감을 선물해 주겠다는 다짐을 하게 되었습니다.

저희 강아지는 저렴한 장난감으로도 신나게 놀아주었습니다. 하지만 가격이 저렴한 만큼 내구성이 약했고, 강아지의 무는 힘이 강한 터라 쉽게 망가지는 것이 일상이었습니다.

대학에 진학한 뒤 제 삶은 바쁘게 흘러갔습니다. 그러다 군에 입대해 대형 운전병으로 근무하게 되었고 소방차를 관리하며 소방호스 품질을 점검하는 업무를 맡게 되었습니다. 반복되는 군 생활이 피곤할 때도 있었지만 정기적으로 월급을 받으며 걱정 없이 지낼 수 있다는 안정감이 컸습니다.

그렇게 매달 월급을 모으면서 집에서 기다리는 강아지에게 좋은 장난감을 사 주겠다고 다짐했습니다. 하지만 어느 날, 예상치 못한 소식을 접하게 되었습니다. 반려견이 무지개다리를 건넜다는 소식이었습니다. 나만 바라봐 주던 존재를 잃는 일은 상상할 수 없을 만큼 큰 아픔이었습니다. 이후 몇 달은 군 생활이 어떻게 지나갔는지도 기억이 나지 않을 정도로 무력한 시간을 보냈고, 혼자 있을 때면 우울한 감정이 몰려와 눈물을 흘리기도 했습니다.

그러던 어느 날, 부대에서 소방호스를 정리하던 중 문득 이런 생각이 들었습니다.

'이 소방호스로 우리 강아지에게 주지 못했던 튼튼한 장난감을 만들어 보면 어떨까?'

군 복무를 하면서 소방호스가 두껍고 견고하다는 것을 알게 되었고, 15m 소방호스에 작은 구멍만 생겨도 폐기 처분된다는 사실을 알게 되었습니다. 이후 조사해 보니 국내에서 매년 최대 17만 개 이상의 소방호스가 버려진다는 사실을 알게 되었습니다.

그 순간 '이 자원을 업사이클링해 튼튼한 반려동물 장난감을 만들자!'라는 아이디어가 떠올랐습니다. 이후 소방호스 원단을 집중적으로 연구하기 시작했고, 본격적으로 사업을 시작한 지 1년이 채 되지 않아 정부 사업화 지원금 1억 원 이상을 유치하는 성과를 거두었습니다.

강아지가 죽었을 당시에는 나에게만 불행한 일이 일어나는 것만 같아 불만으로 가득했습니다. 한참 후에야 그때의 아픔과 고민이 특별한 '나만의 스토리'가 되는 과정임을 깨닫게 되었습니다. 사람들은 누구나 자신의 이야기를 남들과 나누고 싶어합니다. 다만 각자의 성향과 방식에 따라 전달하는 방법이 다를 뿐입니다.

그렇다면 사람들은 어떤 스토리에 열광할까요? 많은 연구와 사례에서 입증된 바와 같이, 사람들은 '역경', '실패' 그리고 '극복'과 관련된 이야기를 좋아합니다. 우리는 타인의 어려움에 공감하고 그 어려움을 극복하는 과정을 통해 감동을 받습니다.

영화 속 주인공이 힘든 상황을 맞닥뜨린 후 좌절하고 끝나는 것이 아니라 극복하는 과정을 그려낼 때, 관객들은 더욱 깊이 몰입하게 됩니다. 마찬가지로 우리의 스토리 역시 단순히 힘들었던 순간을 나열하는 것이 아니라 어떤 방식으로 극복했는지를 보여 주는 것이 핵심입니다.

우리는 어려움을 겪을 때 그것을 잊으려 하기보다는 과거의 경험을 연결해 하나의 스토리로 발전시키는 연습을 해야 합니다. 이는 개인의 성장뿐만 아니라 다른 사람들에게도 의미 있는 메시지가 될 수 있습니다.

여기서 강조하고 싶은 핵심 키워드는 '과거와의 연결 고리 찾기'입니다.

여기서 한 가지 질문을 하겠습니다.

"당신이 가장 힘들었던 경험은 무엇인가요?"

조금 더 구체적으로 바꿔 볼까요?

"지금의 나를 있게 해 준 힘든 경험은 무엇인가요?"

이 질문은 과거의 경험이 단순한 사건으로 끝나는 것이 아니라 현재와 미래의 나를 형성하는 중요한 요소임을 암시합니다.

우리는 언제든지 경험을 통해 가치를 발견할 수 있고, 그 과정에서 만들어진 이야기는 다른 사람에게도 공감과 감동을 줄 수 있습니다.

바꾸어 말하자면 어려운 경험을 통해 우리는 성장할 수 있고, 그 과정에서 얻은 깨달음이 결국 하나의 특별한 스토리가 되는 것입니다. 그렇기에 당신이 겪고 있는 어려움 역시 언젠가 누군가에게 울림을 줄 수 있는 소중한 이야기로 발전할 것임을 기억하세요.

스토리텔링의 구조와 설계

스토리텔링Storytelling은 단순한 정보 전달을 넘어 단어, 이미지, 소리 등을 활용해 상대방의 감정과 상상력을 자극하여 몰입감을 높이는 기술입니다. 스토리텔링을 잘하는 사람이라면 자신이 한 이야기로 상대방에게 깊은 인상을 남긴 경험이 있을 것입니다. 만약 자신의 이야기가 상대에게 큰 인상을 남긴 적이 없다면, 두 가지 가능성을 생각해 볼 수 있습니다.

하나는 상대방이 이야기의 매력을 느끼지 못했거나 다른 하나는 이야기를 전달하는 방식에 문제가 있었을 가능성입니다.

효과적인 스토리텔링을 위해서는 청중이 이야기에 집중해야 할 이유를 명확히 제시하는 것이 중요합니다. 즉 스토리텔링의 첫 단계는 '문제를 인식시키는 과정'입니다. 상대방이 왜 이 이야기를 들어야 하는지를 분명히 알게 될 때 비로소 관심을 갖게 됩니다.

예를 들어 친구에게 영화를 추천한다고 가정해 보겠습니다.

"이 영화, 해리포터가 주인공인데 볼드모트랑 싸우는 내용이야. 재밌어."

이렇게 말한다면 상대방은 흥미를 느끼지 못할 가능성이 큽니다.

하지만 이렇게 말한다면 어떨까요?

"이 영화는 현재 300만 관객을 동원한 대작이야. 판타지 장르의 대표적인 작품인데, 시리즈로 구성되어 있어서 한 편을 보면 다음 편이 궁금해질 수밖에 없지. 심지어 판타지에 관심 없는 사람들도 극찬하는 영화야. 예고편이라도 꼭 봐!"

이처럼 상대방이 관심을 가질 만한 정보와 함께 왜 이 영화를 봐야 하는지에 대한 이유를 제시하면, 자연스럽게 흥미를 유발할 수 있습니다.

사람들은 자신이 직면한 문제를 해결할 명확한 답을 원합니다. 따라서 상대방이 문제를 인식한 후에는, 그 문제에 대한 해결책을 간결하게 제시해야 합니다.

앞선 영화 추천 예시에서 해결 단계는 이렇게 진행될 수 있습니다.

"그러니까 〈해리포터와 마법사의 돌〉을 꼭 봐! 네가 좋아할 만한 요소가 가득해."

명확한 행동 지침을 주면, 상대방은 이야기를 듣고 무엇을 해야 할지를 이해하고 자연스럽게 행동으로 이어지게 됩니다.

스토리텔링의 마지막 단계는 '결과', 즉 상대방이 이야기를 듣고 기대할 수 있는 최종적인 모습을 그려 주는 과정입니다. 예를 들어 친구에게 다음과 같이 말하면, 영화에 대한 기대감이 더 커질 것입니다.

"이 영화를 보면 마법 세계에 빠져들 거야. 다양한 인간관계가 엮이는 과정도 흥미로워서 너도 모르게 감정 이입하게 될걸."

이처럼 스토리를 듣고 난 후 상대가 기대할 수 있는 경험을 구체적으로 설명하면, 더 깊은 몰입을 유도할 수 있습니다.

어떤 이야기를 하든 상대방의 관심사와 경험을 고려하는 것이 중요합니다. 만약 친구가 비슷한 경험을 했다면, 그와 연관된 이야기를 들려주면 더 큰 공감을 얻을 수 있습니다. 예를 들어

"나도 그런 경험이 있었어. 처음엔 정말 힘들었지만, 이런 방법

을 써서 극복했어."

라고 이야기하면 상대방은 더 깊이 공감하고 당신의 조언에 귀를 기울이게 됩니다.

스토리텔링은 비즈니스와 교육 분야에서도 매우 효과적인 도구입니다. 특히 마케팅에서는 고객이 직면한 문제를 제시하고, 그 해결책으로 제품을 소개하는 방식이 효과적입니다.

"이 제품은 특별합니다. 많은 고객이 이 제품 덕분에 시간을 절약하고 업무 효율을 높일 수 있었다고 합니다."

이처럼 고객이 기대할 수 있는 구체적인 혜택과 변화를 강조하면, 제품에 대한 신뢰도와 관심이 높아집니다.

교육에서도 단순한 개념 설명보다 스토리를 활용하면 훨씬 더 효과적으로 학습을 유도할 수 있습니다. 예를 들어

"이 수학 문제를 풀려면 마법의 정원에 숨겨진 비밀을 찾아야 해요."

라고 접근하면, 학생들은 학습을 모험처럼 느끼며 적극적으로 참여하게 됩니다.

스토리텔링은 이야기의 흐름이 논리적으로 이어지느냐가 중요

합니다. 혼란스러운 요소나 불필요한 정보가 많으면 오히려 상대방의 집중력을 떨어뜨릴 수 있습니다. 따라서 전달하고자 하는 핵심 메시지를 항상 염두에 두고 주제를 일관되게 유지해야 합니다.

상대방의 표정이나 몸짓 등 반응을 관찰하면서 어떻게 이야기할지를 조율하는 기술도 중요합니다. 만약 상대방의 관심이 떨어지는 신호를 감지했다면, 이야기의 방향을 바꾸거나 더 흥미로운 요소를 추가하는 것이 좋습니다.

또한 슬라이드, 이미지, 비디오 등 시청각 자료를 활용하면 더 큰 효과를 줄 수 있습니다. 사람들은 시청각 정보로 내용을 더 쉽게 이해하고 오래 기억하기 때문입니다.

스토리텔링 능력은 연습과 경험으로 발전합니다. 다양한 사람과 이야기하면서 자신만의 스타일을 찾고 피드백을 통해 개선하는 것이 중요합니다.

각각의 스토리에 자신의 감정과 경험을 담아내는 자신만의 색깔을 입히는 과정도 필요합니다. 이런 노력을 지속하다 보면 자연스럽게 커뮤니케이션 능력이 향상될 것입니다.

스토리텔링은 단순한 정보 전달을 넘어 사람과 사람을 연결하는 다리 역할을 합니다. 문제를 제시하고 해결책을 제시한 뒤 긍정적인 결과를 그려줌으로써 정보 전달 이상의 감동과 영향력을 만들 수 있습니다.

이 스토리텔링의 원리를 이해했다면 상대방과 더욱 깊이 있는 소통을 할 수 있을 것입니다. 자신의 경험을 이야기로 풀어내고 상대방이 몰입할 수 있도록 전달하는 연습을 계속해 나가십시오. 당신의 이야기가 누군가에게 공감과 감동을 주고, 삶에 긍정적인 변화를 가져올 수 있기를 바랍니다.

상대방의 가치관 파악하기

인간이 가진 시간은 한정적입니다. 누구나 동일한 24시간을 갖고 있지만, 그 시간을 어떻게 활용하느냐에 따라 결과물의 가치가 달라집니다.

저는 최근 대규모 행사를 기획하고 성공적으로 마무리한 경험이 있습니다. 약 다섯 명이 팀을 이루어 함께 준비한 행사였고, 각자 행사에 기대하는 바와 목표가 달랐습니다. 관점이 다양했기에 협업할 수 있었고, 때로 밤을 새워 준비하거나 하루 열두 시간 이상을 실외에서 일해야 할 때도 있었습니다. 왜 그렇게까지 몰입하며 행사를 준비했을까요?

행사에 시간과 에너지를 투자할 수 있었던 이유는 제각각이었습니다.

- ·어떤 사람은 보수를 받기 위해 열심히 일했습니다.
- ·또 어떤 사람은 행사 준비 과정을 통해 성장할 기회를 얻을 것이라 기대했습니다.

이처럼, 사람들이 행동하는 이유는 그들이 부여한 '가치'에 따라 달라집니다. 상대를 감동시키고 원하는 방향으로 이끌고 싶다면, 무엇보다도 '올바른 가치'를 부여하는 과정이 중요합니다. 하지만 이를 위해서는 우리가 무의식중에 간과하는 가치라는 개념을 먼저 이해할 필요가 있습니다.

사전적으로 가치는 사물이 지닌 유용성을 의미합니다. 하지만 철학적으로는 대상이 인간과의 관계 속에서 형성하는 중요성이라고 볼 수도 있습니다.

예를 들어 주말 아침에 가장 먼저 하는 행동을 떠올려 보세요. 물을 마시는 사람도 있고, 샤워를 하는 사람도 있으며, 곧바로 운동을 하는 사람도 있을 것입니다.

여기서 던져야 할 질문은 '왜 그것을 가장 먼저 하는지'에 관한 것입니다. 그 대답이 곧 당신이 해당 행동에 부여한 가치입니다. 이처럼 같은 행동을 하더라도 사람마다 중요하게 여기는 이유는 다를 수 있습니다. 그렇기에 상대를 설득하려면 무작정 자신의 논리를 강요할 것이 아니라, 먼저 상대가 중요하게 생각하는 가치를 이해해야 합니다.

설득에 실패하는 가장 큰 이유는 자신이 중요하게 여기는 가치를 상대에게 강요하기 때문입니다. 예를 들어 "당신은 하루를 마무리하며 양치를 하는 이유가 무엇인가요?"라고 질문했을 때, 대부분 충치 예방이라고 답할 것입니다. 그렇다면, 치과 의사가 칫솔을 판매하려 한다면 어떻게 설득해야 할까요?

"양치를 하지 않으면 충치가 생깁니다."

"충치는 고통과 치료비를 동반합니다."

이처럼 상대가 칫솔을 '충치 예방을 위한 도구'로 인식하고 있다면, 그 가치를 중심으로 설득해야 효과적입니다.

반대로 상대의 가치관을 고려하지 않고 마케팅 메시지를 던진다면, 설득은 실패할 가능성이 큽니다. 그렇다면 상대의 가치를 올바르게 파악하는 방법은 무엇일까요?

오랜 시간 알고 지낸 사이라면 과거에 나눈 대화를 떠올려 보면서 상대가 중요하게 여기는 요소가 무엇인지 파악할 수 있습니다.

이때 주의해야 할 점은 대화에 집중하는 일입니다. 상대의 가치관을 파악하려는 과정에서 너무 깊이 생각에 빠지면 듣기 능력이 저하될 수 있습니다.

또한, 상대의 '대화 스타일'을 이해하는 것도 중요합니다. 상대가 '듣기형'이라면 당신의 말을 충분히 들은 후, 자신의 가치를 이야기할 것입니다. 반면 상대가 '전달형'이라면 당신이 주제를 던지는 즉시 본인의 생각을 적극적으로 표현할 가능성이 큽니다.

즉 상대의 대화 스타일을 고려해 대화 방식 자체를 조율하는 것이 효과적인 소통의 열쇠가 됩니다.

만약 상대방을 전혀 모르는 상태라면 그의 성향과 관심사를 파악하는 질문을 하는 과정이 중요합니다. 예를 들어

"요즘 집중하고 있는 일이 있으신가요?"

"저는 보통 여가 시간에 책을 읽는데, ○○님은 어떤 취미를 즐기시나요?"

이런 질문을 통해 상대방의 가치관을 자연스럽게 알아갈 수 있습니다. 단 너무 막연한 질문은 부담을 줄 수 있으므로 먼저 자신

의 경험을 공유한 뒤 질문하는 편이 효과적입니다.

여기서 설득하는 데 도움이 되는 탐색 전략을 소개하고자 합니다.

첫째, 상대의 관심사와 가치를 반영해야 합니다. 예를 들어 상대가 자기 계발에 관심이 많다면 '이 경험을 통해 성장할 수 있다'는 점을 강조하면 효과적입니다.

경제적 보상을 중요하게 생각하는 사람이라면 '이 선택이 금전적으로 얼마나 도움이 되는지'를 설명하면 귀 기울여 들을 것입니다.

대화를 통해 상대의 본질적인 가치 기준을 파악하십시오. 상대방의 가치관을 이해하면 그에 맞는 설득 전략을 세울 수 있습니다. 설득 과정에서 자신의 가치만 강조하면 상대는 강요받는 느낌을 받을 수 있습니다. 그러므로 상대방의 가치를 존중하며 접근해야 합니다.

상대의 가치를 존중하며, 당신의 가치를 부드럽게 덧붙이면 훨씬 더 자연스럽고 효과적인 대화가 가능해질 것입니다.

결국 설득의 본질은 가치를 조율하는 일입니다. 타인을 설득하려면 먼저 상대가 무엇을 중요하게 생각하는지를 이해해야 합니다. 즉 상대의 가치 기준을 빠르게 파악하는 것입니다.

다시 한번 정리해 보겠습니다. 초면이라면 신중하게 질문을 던져 상대의 관심사를 탐색하십시오. 이미 알고 있는 상대라면 과거 대화를 돌아보고 상대의 '대화 타입'을 고려하여 접근하는 방향이 좋겠습니다.

설득의 핵심은 상대방의 가치를 존중하는 것에서 시작합니다. 서로의 가치를 인정하고, 그 위에 자신의 의견을 더할 때 비로소 서로 만족할 수 있는 대화가 이루어집니다.

소통이란 단순한 말의 교환이 아니라, 지식을 공유하고 관계를 형성하는 과정입니다. 당신이 상대의 가치를 이해하려 노력하는 순간, 당신의 메시지는 훨씬 더 강력한 설득력을 가지게 될 것입니다.

66

확신을 주는 말하기

99

상대의 가치 기준에 맞춰 설득의 균형을 맞추었다면, 이제 '확신을 주는 말하기'를 실행해야 합니다. 즉, 상대방이 이미 설득될 준비가 된 상태에서 마지막으로 신뢰를 더해 주는 단계입니다.

설득이 성공하려면, 단순히 논리를 전달하는 것에서 끝나서는 안 됩니다. 무엇이든 끝맺음이 중요하듯이, 설득의 마지막 단계에서 상대방이 선택을 해도 괜찮겠다는 확신을 느낄 수 있도록 해야 합니다.

미국의 작가 데일 카네기Dale Carnegie는 이렇게 말했습니다. "성공의 비결이 있다면, 그것은 다른 사람의 관점을 이해하고, 자신의 입장뿐만 아니라 그들의 입장에서 사물을 보는 능력이다."

즉, 확신을 주는 말하기란 상대방의 관점에서 생각하고 원하는 방식으로 메시지를 전달하는 것입니다. 그러므로 듣는 사람의 입장에서 말하고 있는지를 스스로 점검하는 과정이 필요합니다.

상황을 가정해 설명해 보겠습니다. 당신은 독서 모임 관련 행사를 기획 중이며, 함께 준비할 사람을 고용하려 합니다. 이력서를 검토한 끝에 적임자를 선정했고, 1:1 미팅을 통해 상대를 설득해야 하는 상황입니다. 대화를 나누면서 상대가 가장 중요하게 여기는 가치가 '자기 계발'이라는 사실을 알게 되었습니다. 이때, 마지막으로 확신을 주는 말을 어떻게 해야 할까요?

"이번 행사 준비를 도와주시면 기본 급여보다 훨씬 많은 돈을 벌 수 있을 거예요. 행사가 잘되면 추가 보상도 드릴 수 있습니다. 함께하시겠어요?"

이렇게 말하면 상대가 흔쾌히 수락할 확률은 50%에 불과합니다.

왜냐하면 상대의 가치인 자기 계발을 고려하지 않고, 단순히 금전적 보상을 강조했기 때문입니다. 즉, 상대방이 중요하게 여기는 요소를 무시하고 본인의 관점에서 설득하려는 오류를 범한 것입니다.

그렇다면 어떻게 말해야 올바른 접근법일까요?

"제가 이번 행사를 준비하는 가장 큰 이유도, 행사 과정을 통해 스스로 성장하고 싶기 때문입니다. 참가자들을 안내하려면 행사 내용을 가장 잘 이해해야 하는 사람이 결국 저이기 때문이죠. 아까 이야기를 들어 보니 ○○ 님도 자기 계발에 진심이신 것 같더라고요. 함께 행사를 준비하면서 서로 배울 수 있으면 좋겠습니다. 같이 해보시는 건 어떨까요?"

이처럼 상대가 중요하게 여기는 가치를 중심으로 설득한다면, 상대방은 본인의 신념을 근거로 결정을 내리게 되고, 설득당했다는 느낌 없이 자연스럽게 참여를 결심하게 됩니다.

결국 설득을 잘하는 사람은 상대방이 '스스로 내린 결정'이라고 느끼게 하는 사람입니다. 상대방이 자신의 가치를 근거로 답변을 내릴 수 있도록 유도하는 것이 핵심입니다.

한번은 제가 운영하는 업사이클링 반려동물 장난감 브랜드로 스타트업 행사에 참가하게 되었습니다. 행사 도중 한 대학교 취·창업 지원단 팀장 교수님과 대화를 나누게 되었습니다. 교수님은 저희 브랜드와 제품에 대한 관심을 보이며 다양한 질문을 하셨습니다.

저는 단순히 제품을 설명하는 것이 아니라 교수님의 관심사를 파악하기 위해 주의 깊게 반응을 살폈습니다. 그러던 중 교수님이 다른 대학교와 공동으로 진행한 활동 사례에 큰 흥미를 보였다는 것을 감지했습니다.

교수님의 관심사가 '대학교와의 협업 가능성'이라는 사실을 알았으니, 그 가치를 중심으로 대화를 이어갔습니다.

"○○대학교와 협력하여 업사이클링 프로젝트를 진행한 적이 있습니다. 대학 내 환경 관련 동아리와 연계해 학생들이 참여하는 프로그램도 운영했습니다. 만약 ○○대학교와도 함께할 기회가 주어진다면, 학생들에게 실질적인 경험을 제공하겠습니다."

이 말을 듣는 순간, 교수님은 눈을 크게 뜨며 흥미를 보였고, 긍정적인 반응을 보이셨습니다. 결국 이후 대화가 자연스럽게 MOU 체결 논의로 이어졌고, 협약을 맺어 대학 행사에서 강연을 진행할 기회를 얻었습니다.

대화에서 확신을 주기 위해서는 상대방이 관심을 두는 '가치'를 파악한 뒤, 그에 맞춰 대화 방향을 설정해야 합니다. 또 불필요한 정보 제공은 최소화하고 상대가 원하는 주제를 중심으로 이야기해야 합니다. 상대방이 '자신의 선택'이라고 느낄 수 있도록 자연스럽게 결정을 유도하는 것도 중요합니다.

많은 사람들이 중요한 대화를 운에 맡기는 실수를 범합니다. 하지만 말에 설득력을 싣기 위해서는 논리적으로 대화의 방향을 설정하고, 상대의 가치에 맞춰 말을 해야 합니다. 이는 대화의 흐름을 주도하는 능력에서 비롯됩니다.

일상적인 대화에서도 상대방의 결정을 유도하는 연습이 필요합니다. 예를 들어 친구와 식사 메뉴를 정할 때,

"난 다 괜찮아. 네가 정해."

라고 말하기보다는

"난 한식이 먹고 싶은데, 너도 괜찮으면 한식 어때?"

라고 먼저 제안하면 상대방이 자연스럽게 동의할 가능성이 높아집니다.

이처럼 대화를 주도하며 상대가 자연스럽게 같은 결정을 내릴 수 있도록 유도하는 연습이 중요합니다.

설득력 있는 말하기는 단순한 정보 전달을 넘어, 상대방이 본인

의 가치 기준을 기반으로 선택할 수 있도록 돕는 과정입니다. 상대가 중요하게 여기는 가치를 이해하고, 그에 맞춰 메시지를 조율해야 합니다. 상대가 원하는 바를 먼저 파악한 후, 그 가치를 중심으로 설득해야 합니다.

상대가 스스로 내린 결정이라고 느낄 수 있도록 자연스럽게 대화를 이끌어야 합니다. 설득을 잘하는 사람은 단순히 자신의 목표를 달성하는 사람이 아니라, 상대방의 기회를 열어 주고 공동의 성공을 이끄는 사람입니다.

당신이 앞으로 누군가를 설득해야 한다면, 상대의 가치를 반영한 확신의 말하기를 실천해 보십시오. 그러면 단순한 설득을 넘어 신뢰를 형성하고 더 깊은 관계를 만들어 갈 수 있을 것입니다.

말하기에도 포지션이 있다

농구는 5명이 한 팀을 이루어 상대 팀과 5:5로 맞붙는 치열한 경기입니다. 농구에서 포지션은 크게 가드, 포워드, 센터로 나뉘며 세부적으로는 포인트 가드, 슈팅 가드, 스몰 포워드, 파워 포워드, 센터로 구분됩니다.

각 포지션에는 고유한 역할이 있으며, 한 명이 이를 제대로 수행하지 못하면 팀 전체의 흐름이 무너질 수 있습니다.

가드는 팀의 사령탑이자 플레이메이커로서 공격을 조율하고, 센터는 골 밑에서 리바운드와 득점을 책임지는 핵심 역할을 합니다.

이러한 포지션별 역할은 농구뿐만 아니라 다른 스포츠에서도 중요하게 작용합니다. 축구, 야구 등 모든 팀 스포츠에서 각자의 포지션을 이해하고 수행하는 것이 경기의 승패를 좌우하죠.

그런데 '말하기'에도 이러한 포지션이 존재합니다. 일상생활 속 대화에서도 효과적인 말하기를 위해서는 포지션을 설정하고 전략적으로 접근하는 것이 필요합니다.

이번에는 대화의 상대가 한 명인지 다수인지에 따라 달라지는 '말하기 포지션'을 소개하겠습니다.

첫 번째 포지션은 대화하는 상대가 한 명일 때 적용됩니다. 농구에서 가드가 사령탑 역할을 맡는 이유는 경기의 흐름을 조율하는 핵심적인 역할을 하기 때문입니다. 마찬가지로 1:1 대화에서는 대화의 방향을 주도적으로 이끌어 가는 것이 중요합니다.

대화를 주도적으로 이끌어 가려면 반드시 대화의 '목적'이 있어야 합니다. 목적 없이 진행되는 대화는 시간 낭비가 될 수도 있습니다.

대화의 방향을 효과적으로 설정하기 위해서는 그 대화에서 이끌어야 할 핵심 포인트가 무엇인지 스스로 질문을 던지고 생각해 보아야 합니다.

농구 경기에서 가드가 어떤 방향으로 패스를 할지에 따라 경기의 승패가 달라지듯 대화에서도 원하는 답변을 얻기 위해서는 말하는 방식이 중요합니다.

예를 들어 친구가 '네모난 가방'을 추천해 달라고 요청했다고 가정해 보겠습니다.

"○○아, 네모난 가방이 좋아. 네모난 가방 사."

이런 명령형 문장은 상대가 공감하기 어렵습니다.

그렇다면 어떻게 말하는 게 좋을까요?

"내가 지금도 사용하고 있는 가방인데, 가방에 이것저것 넣다 보면 공간이 부족해서 불편했잖아. 이 가방은 수납 공간이 넉넉해서 노트북, 책, 생활 용품을 다 넣어도 공간이 남더라."

이렇게 말하면 상대방이 스스로 그 가방에 대한 필요성을 느낄 수 있습니다. 이처럼 상대가 '필요성'을 직접 느낄 수 있도록 이야기하는 것이 1:1 대화에서 중요한 포인트입니다.

두 번째 포지션은 센터로 대화하는 상대가 다수일 때 적용됩니다. 농구에서 센터는 상대의 공격을 막고, 리바운드를 확보하는 중요한 역할을 합니다. 대화에서도 다수와의 대화를 조율하는 것은 농구 경기에서 여러 선수가 한꺼번에 움직이는 상황과 유사합니다.

다수와의 대화에서 핵심은 대화의 흐름을 읽고 필요에 따라 자신의 의견을 자연스럽게 편입시키는 것입니다.

이때 너무 강하게 주도하려 하면 오히려 반발을 불러올 수 있습니다. 따라서 상대의 의견을 듣고 분위기를 파악한 후, 적절한 순간에 개입하는 것이 중요합니다.

농구에서 센터가 리바운드를 잡아 팀원에게 패스하는 것처럼 대화에서도 상대의 말을 잘 듣고 자연스럽게 자신의 의견을 연결하는 기술이 필요합니다. 이를 위해 활용할 수 있는 기법이 바로 '말하기 리바운드'입니다. 말하기 리바운드란 상대방의 말을 되풀이하며 자신의 의견을 덧붙이는 기법입니다. 예를 들어

친구 "나 어제 영화 봤어."

나 "아 그래? 재미있었어?"(일반적인 반응)

"어제 영화 봤구나! 나도 최근에 정말 재미 있게 본 영화가 있어!"(말하기 리바운드가 적용된 반응)

말하기 리바운드는 단순한 공감을 넘어, 대화의 흐름을 자연스럽게 이어 주는 역할을 합니다. 상대방은 자신의 말을 진심으로 들어 주고 있다는 신뢰감을 가지게 되며 대화는 더욱 원활하게 진행됩니다.

농구 경기에서 센터가 리바운드를 잘 잡아 주면 팀 전체의 공격 기회가 많아지듯이 다수와의 대화에서도 분위기를 조율하는 능력을 기르면 더 풍성한 소통이 가능해집니다.

농구에서 각 포지션이 명확한 역할을 수행해야 팀이 승리할 수 있듯이, 말하기에도 상황에 맞는 포지션이 필요합니다. 1:1 대화에서는 가드의 역할을 수행하며 주도적으로 대화를 이끌어야 합니다. 다수와의 대화에서는 센터가 되어 대화의 흐름을 조율하고 리바운드하는 능력이 필요합니다.

이제 당신은 가드처럼 대화의 방향을 설정하고, 센터처럼 리바운드를 활용하며 효과적인 소통을 할 수 있는 사람이 될 것입니다.
이러한 연습을 지속한다면 더 깊이 있는 대화, 더 설득력 있는 말하기, 더 원활한 소통 능력을 갖추게 될 것입니다.

인상적인
오프닝과 클로징

우리는 흔히 처음과 끝이 중요하다고 말합니다. 1과 10, A와 Z, ㄱ과 ㅎ, 오프닝과 클로징.

이처럼 일상적으로 사용하는 개념 속에서도 '처음과 끝'은 명확히 존재합니다. 성경에서도 '알파와 오메가'라는 표현으로 처음과 끝을 강조하고 있으며, 이는 영어 관용구에서도 '가장 중요한 부분, 핵심'을 의미하는 표현으로 사용됩니다.

처음과 끝은 대화에서도 중요합니다. 대화의 내용이 무엇이든 시작과 마무리를 어떻게 구성하느냐에 따라 그 대화의 깊이와 효과가 달라집니다.

그러므로 당신은 대화의 처음과 끝에 어떤 말을 해야 하는지 알아 두어야 합니다. 이번에는 오프닝과 클로징 기술을 세 가지씩 소개하고, 이를 실제 사례와 함께 이해하기 쉽게 설명하겠습니다.

대화의 첫 시작을 어떻게 여느냐에 따라 상대방이 대화에 몰입하는 정도가 달라집니다. 강연, 미팅, 대화 등 모든 상황에서 듣는 사람의 관심을 끌 수 있는 오프닝 기술을 익혀 보십시오.

대화를 시작할 때 상대방이 생각을 하도록 유도하는 질문을 던지는 것은 매우 효과적인 방법입니다. 질문을 통해 상대가 '내 이야기'라고 느끼도록 만들고, 대화에 적극적으로 참여하도록 유도할 수 있기 때문입니다.

"당신은 당장 돈을 벌어도 되는데, 굳이 왜 대학교에 가고 싶어 하나요?"

"창업은 취업보다 수익이 불안정하고 쉬는 날이 없을 수 있는데, 그럼에도 불구하고 창업을 하고 싶은 이유는 무엇인가요?"

이러한 질문을 던지면 상대는 스스로 대화의 주제를 인지하게 되고, 생각을 정리하면서 몰입하게 됩니다. 제가 청소년과 이십 대청년을 대상으로 강연할 때 오프닝 질문으로 자주 활용하는 방법입니다.

질문은 듣는 사람의 관심을 유도할 수 있습니다. 또 대화 주제를 직관적으로 전달할 수 있고, 상대가 스스로 생각하게 만들어 대화 참여도를 높일 수 있습니다.

특정 주제로 이야기할 때 인용문을 활용하면 전달력을 높일 수 있습니다. 오프닝에서 사용하는 인용문은 말하는 사람의 주장에 신뢰성을 더해 주며, 청중의 집중도를 높이는 역할을 합니다.

청년 대상 스피치 강연에서 달라이 라마Dalai Lama의 말을 인용한 적이 있습니다. "입을 열면 자신이 아는 바를 반복하게 되지만, 귀를 열면 새로운 것을 배우게 됩니다. 당신은 평소에 말을 잘하지 못하는 것에 대해 고민해 본 적이 있나요? 놀랍게도 말을 잘하는 사람들은 '듣는 능력'이 뛰어납니다. 말하기를 잘하려면 '입'이 아닌 '귀'부터 열어야 합니다."

이처럼, 오프닝에서 적절한 인용문을 활용하면 청중이 자연스럽게 몰입하고, 말하는 사람에 대한 신뢰가 생기는 효과가 있습니다.

인상적인 인용문은 먼저 전달하는 메시지의 신뢰도를 높입니다. 또 청중의 관심을 빠르게 사로잡을 수 있고 주제의 핵심을 직관적으로 전달할 수 있습니다.

사람들은 논리적인 설명보다 '이야기'를 더 쉽게 기억합니다. 따라서 대화의 시작에서 짧고 인상적인 이야기를 공유하는 것은 매우 효과적인 오프닝 방법입니다.

"제가 창업한 지 5년이 넘었지만, 처음 스타트업을 시작할 때는 아는 것이 거의 없었습니다. 그때 참가한 창업 캠프에서 팀원들과 아이템을 선정하는 과정에서 저는 의견을 내기보다 다른 사람들의 의견을 듣는 데 집중했습니다. 다양한 시각과 아이디어가 흥미로웠습니다. 모든 구성원의 의견을 듣고 모두가 공감할 만한 아이템을 제안해 최종 선정이 되었습니다."

이처럼 이야기는 메시지를 보다 효과적으로 전달할 수 있게 합니다. 듣는 사람이 더 쉽게 몰입하고 공감할 수 있으며, 내용을 직관적으로 이해하도록 돕습니다.

대화의 마무리는 상대에게 어떤 인상을 남길지 결정하는 중요한 순간입니다. 여기서 강한 여운을 남기는 클로징 기술 세 가지를 소개하겠습니다.

첫째로 요점 요약하기입니다. 사람은 한 번 들은 정보를 쉽게 잊어버리는 경향이 있습니다. 따라서 대화가 끝나기 전 핵심 내용을 다시 정리해 주는 것이 중요합니다.

"말을 잘하려면 누군가와 대화할 때 즉시 입을 여는 것이 아니라 상대의 말을 듣고 나서 말하는 연습이 필요합니다."

요점을 요약해서 말하면 중요한 메시지를 다시 한번 강조할 수 있습니다. 또 듣는 사람이 핵심 내용을 더 오래 기억할 수 있습니다.

둘째로 다음 행동 촉구하기입니다. 사람은 선택지가 너무 많으면 행동으로 옮기기를 어려워 합니다. 따라서 구체적인 행동을 권유하는 것이 효과적인 마무리 방법입니다.

"오늘 강연이 끝나면 친구나 가족과 함께 '짜장면 vs 짬뽕' 같은 간단한 주제로 토론해 보세요. 이때, 자신의 의견을 말하기 전에 상대의 말을 먼저 듣는 연습을 해 보세요."

이렇게 행동을 촉구하면 상대가 대화를 기억하고 실천하도록 유도할 수 있습니다. 또 말뿐인 대화가 아닌, 실제 행동으로 이어질 수 있습니다.

셋째로 결론적인 인용문 사용하기입니다. 클로징에서는 도전 정신을 자극하는 인용문이 효과적입니다.

"우리는 계단 전체를 볼 수 없다. 그러나 한 걸음을 내디딜 수는 있다."_마틴 루서 킹_{Martin Luther King}

결론적 인용문은 청중이 감동과 동기부여를 받을 수 있고, 대화의 마지막 인상을 강하게 남길 수 있습니다.

이제 당신은 오프닝과 클로징의 중요성을 이해하고, 효과적인 대화의 기술을 익혔습니다. 처음과 끝을 전략적으로 구성하면 더 깊이 있는 소통과 강한 인상을 남기는 대화를 할 수 있게 됩니다.

이제 당신도 대화의 '처음과 끝'을 주도하는 사람이 되어보세요.

일상적인 대화에 적용하기

인터넷에서 '답변 기법', '실전 적용'이라는 키워드로 검색하면, 대부분 '취업 면접에서의 답변 기술', '영어 회화에서의 답변 방법' 같은 특정한 상황에서만 사용할 만한 정보들이 나옵니다.

이러한 기법은 이론적으로는 유익하지만 일상 대화에서는 적용하기 어려운 경우가 많습니다.

실제 대화에서 효과적으로 소통하려면 단순한 기법을 외우는 것이 아니라 다양한 상황에 유연하게 대처하는 연습이 필요합니다. 대화에서 원하는 결과를 얻으려면 특정한 공식에 얽매이지 않고, 일상 속 다양한 상황에 자연스럽게 적용할 수 있는 기술을 익혀야 합니다.

여기서는 일상적인 대화에서 적용할 수 있는 세 가지 답변 기법을 소개해 드리겠습니다.

첫째는 대화의 시작에서 상대방 '온도'를 파악하는 일입니다. 우리가 이야기하는 온도란, 상대방의 체온이 아닌 그날의 감정 상태를 의미합니다.

예를 들어 어떤 사람은 힘든 하루를 보내 감정 온도가 10점 만점에 3점일 수 있습니다. 반대로 좋은 소식을 듣고 감정 온도가 9점인 사람도 있겠습니다.

이처럼 상대방의 감정 상태에 따라, 같은 말을 하더라도 반응이 다르게 나타날 수 있습니다. 당신이 아버지에게 최신 스마트폰을 사달라고 부탁하고 싶다고 가정해 봅시. 이때 가장 먼저 고려해야 할 것은 '아버지의 기분'입니다.

만약 퇴근 후 피곤한 상태라면 부탁을 거절당할 가능성이 높습니다. 반면 맛있는 음식을 먹은 뒤 기분이 좋은 상태라면 긍정적인 화답을 들을 확률이 높아집니다.

이 원리는 단순하지만 강력합니다. 우리는 어릴 때부터 본능적으로 부모님의 기분을 살핀 뒤 부탁하도록 학습되었습니다. 하지만 나이가 들면서 이런 기본적인 원칙을 잊고, 일방적으로 자신의 말만 전달하는 실수를 범합니다.

대화를 시작하기 전 상대의 감정 온도를 가늠하고 상대방이 기분이 나쁜 상태라면 중요한 부탁은 나중으로 미루는 것이 좋습니다. 반드시 해야 하는 말이라면 상대방의 감정을 고려한 방식으로 접근해야 합니다.

이처럼 상대의 감정을 먼저 이해하고 대화를 시작하면, 원하는 결과를 훨씬 더 효과적으로 이끌어 낼 수 있습니다.

신뢰는 '말의 무게'에서 비롯됩니다. 가벼운 확답은 오히려 신뢰를 잃게 만드는 원인이 될 수 있습니다.

"괜찮아, 내가 무조건 해 줄게."

"걱정하지 마, 내가 다 알아서 할게."

"절대 문제없을 거야."

이런 말을 쉽게 하는 사람들이 있습니다. 그러나 현실적으로 결과가 바뀔 가능성이 있는 상황에서, 가벼운 장담을 하면 오히려 신뢰를 잃게 됩니다.

친구가 당신에게 이번 주말에 이삿짐 옮기는 걸 도와줄 수 있냐고 물었다고 가정해 보겠습니다.

"응! 무조건 갈게!"

이렇게 답변했다가 일정이 바뀌거나 예상치 못한 일이 생기면 신뢰를 잃을 수 있습니다. 그럼 어떻게 대답해야 신뢰를 지킬 수 있을까요?

"이번 주말 일정 확인해 보고 알려줄게. 가능하면 도와줄게!"

이렇게 상대방에게 신뢰를 유지하면서도 현실적으로 답변하는 게 좋습니다.

대화할 때는 급하게 확답하지 말고, 잠시 생각할 시간을 두는 게 좋습니다. 또 만약 변수가 있을 가능성이 있다면, 이를 고려해 답변하는 것이 좋습니다. 작은 약속이라도 가볍게 여기지 말고, 신중하게 답변하는 습관을 들이는 것이 좋습니다. 이처럼 단순한 '확신'보다, 현실적인 '신중함'이 더 큰 신뢰를 만들어 줍니다.

많은 사람이 대화에서 가장 어려워하는 부분 중 하나가 '거절'

입니다. 하지만 부탁을 무조건 받아들이면 오히려 더 큰 문제를 초래할 수 있습니다. 사람들은 거절하면 상대가 자신을 싫어할 것이라고 걱정합니다. 그러나 신뢰할 수 있는 사람일수록 솔직한 답변을 더 존중합니다.

직장 동료가 갑자기 회식을 제안했다고 가정해 보겠습니다.

"음…… 갈 수도 있고, 못 갈 수도 있어."

이렇게 애매한 태도는 신뢰를 떨어뜨립니다.

"오늘은 일정이 있어서 어렵겠어. 다음에 함께 하자!"

분명하게 거절하면서도 관계를 유지할 수 있는 답변입니다. 수락할 수 있는 부탁은 분명히 응답하는 것이 좋습니다. 거절하는 상황일수록 애매한 태도보다 단호한 답변이 더 낫습니다. 다만 상대방이 기분 나쁘지 않도록 대안을 함께 제시하는 것도 좋은 방법입니다.

효과적인 답변을 위한 세 가지 원칙 기억해 두십시오.

상대의 '온도'를 확인하라.

상대방의 감정 상태에 따라 대화의 방식과 타이밍을 조절하라.

함부로 '장담'하지 마라.

신뢰를 유지하려면, 확답을 하기 전에 신중하게 생각하라.

수락과 거절을 분명히 하라.

애매한 태도는 오히려 신뢰를 떨어뜨린다. 분명하게 답변하라.

이 세 가지 원칙을 일상 속에서 연습하다 보면, 대화의 주도권을 가질 수 있고, 상대방과 신뢰를 쌓으며 보다 자연스럽고 효과적으로 대화할 수 있습니다.

결국 좋은 대화란 단순한 기술이 아니라, 상대방을 존중하고 신뢰를 쌓아가는 과정에서 완성됩니다.

PART
4

논리적이고
설득력 있는
말하기의 기술

설득의 기본 원리

설득을 잘하는 사람은 어떤 상황에서도 신뢰를 얻고, 원하는 결과를 이끌어 냅니다. 설득은 단순한 대화의 기술이 아니라, 상대방의 생각을 변화시키는 과정이기 때문입니다.

설득이 어려운 이유는 인간의 본성 때문입니다. 사람은 변화를 꺼리고 새로운 정보에 대해 본능적으로 거부감을 가집니다.

스티브 잡스는 이런 말을 했습니다.

"사람들은 원하는 것을 보여 주기 전까지는 무엇을 원하는지도 모른다."

상대가 원하는 것이 무엇인지 명확하게 이해하고, 그들에게 유익한 정보를 효과적으로 전달하는 것이 설득의 핵심입니다.

설득의 핵심 요소는 목적, 청중 분석, 메시지 구성입니다. 이 세 가지 요소가 효과적으로 조합될 때 설득은 강력한 힘을 발휘합니다.

첫째로 목적은 이 설득이 무엇을 목표로 하는가를 생각하는 일입니다. 설득을 시도하기 전에 '내가 이 대화를 통해 무엇을 이루려 하는가?'를 명확히 해야 합니다.

이를 구체적인 사례를 통해 살펴보겠습니다.

약속 시간에 늦은 당신이 이동 시간을 줄이기 위해 택시를 타려 한다고 가정해 봅시다. 그때 친구가 이렇게 조언합니다.

"도로가 막혀서 택시보다 지하철이 더 빠를 거야. 게다가 비용까지 절약할 수 있어."

이 말을 듣고 택시를 고집할 사람은 많지 않을 것입니다. 왜냐하면 더 나은 선택지를 설득력 있게 제시했기 때문입니다.

이 사례에서 설득의 핵심 요소는 '시간 단축'과 '비용 절약'이라는 명확한 목적을 설정한 것입니다. 이처럼 설득을 하려면 먼저 상대에게 어떤 가치를 전달할 것인지 명확히 정해야 합니다.

둘째로 청중 분석은 설득의 방향을 상대에 맞춰 조정하는 과정을 말합니다. 설득이 실패하는 가장 큰 이유는 상대방을 고려하지 않고 일방적인 주장만 하기 때문입니다.

같은 설명을 듣고도 어떤 사람은 고개를 끄덕이고, 어떤 사람은 고개를 갸우뚱하는 이유는 각자의 배경, 가치관, 관심사가 다르기 때문입니다.

횟집을 운영하던 시절, 갑자기 활어 가격이 폭등하는 일이 있었습니다. 수산물 업체에서 비용을 추가로 요구했고 가게 운영에 큰 타격이 예상되었습니다.

업체 측에서는 이미 가격 인상을 결정한 상태였고, 일반적인 요청으로는 설득이 어려운 상황이었죠. 그래서 저는 업체 입장에서 접근해 이야기를 했습니다.

"사장님, 활어 가격이 오른 것은 알고 있습니다. 하지만 저는 식당을 시작한 지 얼마 되지 않아 추가 비용을 감당하기 어렵습니다. 대신 가격을 유지해 주시면, 매주 10kg을 추가로 주문하겠습니다. 그렇게 하면 사장님도 더 많은 수익을 얻을 수 있을 것입니다."

이렇게 제안하자 업체 측에서는 활어 가격을 동결했고, 저는 원하는 조건을 유지한 채 원활한 운영을 이어갈 수 있었습니다.

이 사례에서 설득이 성공한 이유는 업체 사장의 입장에서 '경제적 이익'이라는 명확한 가치를 제시했기 때문입니다. 이처럼 상대방이 무엇을 원하는지 분석하고, 그에 맞는 메시지를 구성하는 것이 설득의 핵심입니다.

셋째, 메시지를 전달할 때는 상대방이 강요당한다고 느끼지 않도록 구성하는 것입니다.

설득에는 두 가지 상황이 있습니다. 첫 번째로는 상대가 특별히 원하는 것이 없을 때입니다. 이 경우, 대화의 흐름이 약해지지 않도록 명확한 결론을 내리는 것이 중요합니다.

예를 들어 "나는 이렇게 생각해.", "나는 이렇게 할 것 같아."와 같이 단호하게 마무리해야 합니다.

상대가 원하는 것이 있을 때는 상대의 의견을 반영하는 것이 중요합니다. 강요하는 느낌을 주면 역효과가 날 수 있습니다.

이제 설득의 기본 원칙과 그 원칙을 적용하는 상황을 살펴보았으니 좀 더 구체적인 사례를 들어 보겠습니다. 친구들에게 여행을 제안할 때입니다.

이때 모든 친구가 여행에 대한 관심이 같을 수는 없기 때문에 각자의 성격과 취향에 맞춰 접근하는 것이 중요합니다. 어떤 친구는 모험을 좋아하므로 액티비티를 중심으로 계획을 제시하고, 다른 친구는 편안한 휴식을 원하므로 여유로운 일정을 중심으로 계획을 세울 수도 있습니다.

각자의 성향에 맞춰 여행 일정을 조율하면 더 많은 친구가 긍정적으로 반응하고 동참할 가능성이 높아집니다.

결국 설득은 단순한 말솜씨가 아니라, 상대방의 관점을 이해하는 능력에서 시작됩니다. 배고픈 사람에게는 음식이 최고의 설득이고, 고민이 많은 사람에게는 공감과 해결책이 최고의 설득입니다. 설득의 성공 여부는 누가 더 논리적으로 말하느냐가 아니라 누가 상대방의 마음을 더 잘 이해하느냐에 달려 있습니다.

이제, 일상 속에서 설득의 원리를 적용해 보세요. 당신의 대화에 설득력을 한층 더 높여 줄 것입니다.

피칭과 업무 대화에서
논리를 강화하는 법

'피칭'이라는 말은 다양한 상황에서 활용됩니다. 예를 들면 편성, 투자 유치, 공동 제작, 선판매 등의 목적으로 제작사, 투자사, 바이어 앞에서 기획 개발 단계의 프로젝트를 공개하고 설명하는 것입니다.

이 용어가 다소 어렵게 느껴질 수도 있으니 보다 익숙한 단어인 '발표'로 바꿔서 이야기해 보겠습니다. 발표와 업무 시간에 나누는 대화에서 공통적으로 필요한 것은 무엇일까요? 바로 '논리'입니다.

결국 누가 얼마나 논리적으로 설명하는가에 따라 듣는 사람의 판단이 달라집니다. 이는 '스타트업' 생태계에서도 중요한 요소입니다. 저는 2022년부터 초기 스타트업을 운영하며 총 20회 이상의 'IR 피칭'을 진행했고, 그 결과 정부 기관에서 총 3억 원 이상의 사업화 지원금을 확보했습니다.

'IR 피칭'이란 스타트업이 투자자를 유치하기 위해 기업의 핵심 메시지를 전달하는 투자 설명회로, 제한된 시간 내에 자신의 아이템을 설득력 있게 평가자에게 전달하는 발표입니다. 다양한 기관과 인터뷰를 진행하면서 공통적으로 받은 질문 중 하나는, 짧은 시간 안에 어떻게 큰 규모의 지원금을 받을 수 있었느냐는 것이었습니다.

그 비결은 '논리적인 대화법'에 있습니다. 저는 사람들과 대화할 때 항상 논리적인 흐름을 유지하려고 노력했습니다. 이는 사업 발표뿐만 아니라 직장 내 업무 대화에서도 적용할 수 있습니다. 당신이 사업체를 운영하며 투자를 유치하려 하든, 회사에서 상사나 동료와 논의하든, 논리적인 대화법을 활용한다면 훨씬 더 설득력 있는 커뮤니케이션이 가능해질 것입니다.

논리를 강화하기 위한 첫 번째 방법은 대화에 '팩트'를 사용하는 것입니다. 예를 들어, "불은 물보다 뜨겁다. 따라서 요리를 할 때 불을 이용해 음식을 익힐 수 있다."라는 문장을 생각해 보겠습니다. 이 문장을 10명에게 물어본다면, 모두가 '맞다'고 답할 것입니다. 이는 명백한 팩트이기 때문입니다.

반면 "뜨거운 음식이 차가운 음식보다 몸에 좋다. 그 이유는 뜨거운 음식이 더 건강에 좋기 때문이다."라는 문장은 어떨까요? 이에 대한 대답은 사람마다 다를 수 있습니다. 즉 이는 팩트가 아닌 견해입니다.

상대와 대화할 때 논리적으로 말하려면 먼저 듣는 사람의 머릿속에 긍정적인 메시지를 떠오르게 해야 합니다. 누구나 맞다고 생각하는 이야기를 하면 상대는 자연스럽게 공감하며 집중하게 됩니다. 따라서 논리를 강화하기 위해 팩트를 기반으로 이야기하는 것이 중요합니다.

예를 들어, 신제품 출시 회의에서 다음과 같이 발표한다고 가정해 보겠습니다.

"사람은 누구나 바쁜 하루를 보낸 뒤 잠시라도 쉬고 싶어 합니다. 바쁘게 움직이다 보면 다리 근육에 무리가 가고, 이를 풀어 주지 않으면 근육통이 생겨 업무에 방해가 생길 수 있습니다. 그래서 준비했습니다. 근무 중에도 하체에 쌓인 피로를 해소할 수 있는 '휴대용 안마기'입니다."

이처럼 팩트를 기반으로 문제를 제시하고, 해결책을 논리적으로 연결하면 청중의 공감을 얻을 수 있습니다.

두 번째는 듣는 사람의 말을 활용하는 것입니다. 논리적인 대화에서는 말하는 사람뿐만 아니라 듣는 사람도 중요합니다. 대화는 일방적인 것이 아니라 주고받는 과정에서 완성되기 때문입니다. 상대의 말을 활용하면 대화의 논리성을 더욱 높일 수 있습니다.

예를 들어 누군가

"나는 배가 사과보다 시원해서 배를 더 좋아해."

라고 말했다고 가정해 보겠습니다. 이런 때는 바로 자신의 의견을 말하기보다 상대의 말을 먼저 인정하면서 의견을 덧붙이는 것이 효과적입니다.

"맞아, 배가 사과보다 시원해서 여름에 특히 먹기 좋지. 그런데 아침에 먹기엔 포만감이 커서 사과를 차갑게 해서 먹는 것도 좋은 방법이라고 생각해."

이처럼 상대의 말을 존중하면서 자신의 의견을 자연스럽게 연결하면, 대화의 흐름이 원활해지고 설득력도 높아집니다.

세 번째는 적절한 예시를 활용하는 것입니다. 예시는 청중이나 상대의 이해도를 높이는 강력한 도구입니다. 잘 선택된 예시는 발표나 업무 대화에서 타당성을 높이고 메시지를 명확하게 전달하는 데 도움을 줍니다.

예를 들어 "조미료를 많이 사용하면 건강에 해롭지만, 적절히 넣으면 요리에 감칠맛을 더해 준다."라는 설명은 논리적으로도 타당하고 직관적으로 이해하기 쉽습니다.

만약 예시 없이 단순히 주장만 내놓는다면 추상적으로 들리거나 설득력이 약할 수 있습니다. 따라서 논리를 강화하기 위해 적절한 예시를 활용하는 것이 중요합니다.

이처럼 논리적인 대화를 위해서는 팩트를 활용하고, 상대의 말을 존중하며, 예시를 적극적으로 활용하는 것이 핵심입니다. 이 세 가지 요소를 잘 조합하면 당신의 말은 훨씬 더 설득력 있고 논리적인 흐름을 갖게 될 것입니다.

마지막으로 이러한 대화법을 꾸준히 연습하고 실제 상황에서 적용하는 것이 중요합니다. 논리적인 대화법은 연습을 통해 더욱 매끄러워지며 발표나 업무 회의에서 큰 효과를 발휘할 것입니다.

이로써 당신의 대화 방식을 개선하는 데 도움이 되기를 바라며, 당신의 발표와 대화가 더욱 논리적으로 변하는 계기가 되길 희망합니다.

데이터와 감정적 연결을
조화롭게 활용하기

당신이 평소에 사용하는 말하기의 가장 큰 특징은 대화 상대가 존재한다는 점입니다. 대화 상대 없이 하는 말은 '혼잣말'이라고 합니다. 이 혼잣말에는 두 가지 긍정적인 효과가 있습니다.

인간은 복잡하지만, 동시에 단순한 내면의 감정을 지니고 있습니다. 예를 들어 스트레스를 받거나 예상치 못한 부정적인 일이 발생했을 때, 감정 조절이 어려워지고 평정심을 유지하지 못하는 경우가 많습니다. 이럴 때 긍정적인 혼잣말을 하면 감정을 조절하는 데 도움이 될 수 있습니다. 반면 부정적인 혼잣말이 지속되면 감정

기복이 심해지고 스트레스가 더욱 커질 수 있습니다.

예를 들어, 평소 욕설을 사용하지 않는 사람도 억울하거나 속상한 감정을 느낄 때 혼잣말로 욕설을 내뱉는 경우가 있습니다. 이때 "욕을 내뱉고 나서 문제가 해결되거나 기분이 나아진 적이 있었나요?"라는 질문을 스스로에게 던져 보길 바랍니다. 어떤 사람은 "욕을 했더니 속이 시원해졌다."라고 답할 수도 있습니다. 그러나 사실 욕설을 통해 얻는 순간적인 통쾌함은 감정 조절이나 문제 해결에 큰 도움이 되지 않습니다. 단지 순간적인 감각적 쾌감일 뿐입니다.

"긍정적인 생각은 긍정적인 결과를 가져온다."라는 미국의 가수 윌리 넬슨William Hugh Nelson의 말처럼, "괜찮아.", "어떻게든 해결될 거야.", "이 정도라서 다행이다."와 같은 긍정적인 내용으로 혼잣말을 해 보세요. 혼잣말이 직접적으로 문제를 해결해 주지는 않지만, 감정적 고통을 줄이고 평정심을 찾는 데 도움이 될 수 있습니다. 속상한 일이 있을 때 긍정적인 말을 하며 스스로를 다독이고, 운동이나 취미 활동을 통해 감정을 정리하는 것도 좋은 방법입니다.

말에는 힘이 있습니다. 긍정적인 말을 반복하면 그 말을 현실로 만들기 위해 뇌가 자연스럽게 해결책을 찾으려는 경향이 있습니다. 몸이 아플 때 "나는 건강하다."라고 반복적으로 말하거나, 정신적으로 피로감을 느낄 때 "나는 피곤하지 않다."라고 스스로 암시를 주듯 말하는 사람들이 있습니다.

이는 인간의 뇌가 정보를 받으면 실제로 몸과 마음을 그 방향으로 조정하려 하기 때문입니다. 부정적인 말을 반복하는 것보다 긍정적인 말을 지속적으로 하는 것이 문제를 해결할 가능성을 높이는 이유도 여기에 있습니다. 각자 상황과 패턴은 다 다르지만, 일상에서 '그럼에도 불구하고'라는 긍정적인 말을 지속하는 습관을 들이는 것이 중요합니다.

인간의 감정을 이해하는 것만큼이나 중요한 것이 '데이터'와 감정을 연결하는 일입니다. 여기서 말하는 '데이터'란 수치로 나타낼 수 있는 정보나 확실한 사실을 의미합니다. 사람들은 책이나 영상, 조언을 통해 깨달음을 얻기도 하지만 '직접적인 경험'을 통해 가장 빠르게 배웁니다. 이는 인간이 단순한 데이터만으로는 깊이 있는 내면적 변화를 경험하기 어렵기 때문입니다. 즉 직접 겪기 전까지는 정보가 단순한 지식으로만 머물 가능성이 큽니다.

영국의 정치가이자 철학자 에드먼드 버크Edmund Burke는 "사람은 경험을 통해서만 지혜로워진다."라고 말했습니다. 경험을 통해 쌓은 지혜는 분명 큰 자산이 됩니다. 하지만 경험만으로 배우는 것과 다양한 정보와 경험을 조화롭게 활용하는 것은 차이가 있습니다.

제가 말하기에 흥미를 갖기 시작한 때는 스무 살 무렵이었습니다. 대학교 도서관에서 관련 도서를 빌려 읽었지만, 몇 장 못 넘기고 덮고 말았습니다. 당시에는 책 내용이 유익하다고도, 흥미롭다고도 느껴지지 않았습니다.

그러던 어느 날 친구에게 가족 여행 이야기를 듣게 되었습니다. 친구로부터 흥미로운 이야기를 듣자 문득 '나도 저 친구처럼 재미있게 말하고 싶다.'라는 생각이 들었습니다. 그 순간, 말하기의 매력에 관한 새로운 자극을 받은 것입니다.

집에 돌아와 도서관에서 빌린 그 책을 다시 꺼내 읽기 시작했습니다. 이번에는 단순히 글을 읽는 것이 아니라, 책 내용을 제 생활과 연결 지으며 상상하며 읽었습니다. 그 결과 일주일 전에 몇 장 읽지 못하고 덮었던 그 책을 단 하루 만에 단숨에 읽어버렸습니다.

어떻게 단 일주일 사이에 같은 책을 다른 마음으로 읽을 수 있었을까요? 그 이유는 책 내용을 저와 연결하며 읽었기 때문입니다. 경험은 비교할 수 없는 지혜를 제공하고 때로는 데이터가 우리의 경험을 보완하여 더 깊은 통찰을 하게 한다는 점을 잊지 마시기 바랍니다.

이러한 경험을 통해 깨달은 점은 긍정적인 혼잣말이 감정을 보다 잘 조절하도록 돕고, 문제 해결력을 키우는 데 실질적인 도움이 된다는 점입니다. 그러나 혼잣말만으로 모든 문제를 해결할 수는 없습니다. 동시대의 다양한 책이나 자료를 통해 얻은 정보가 자신의 경험과 조화를 이룰 때, 보다 깊이 있는 이해와 적용이 가능합니다.

따라서 끊임없이 실험하고 경험하며 자신에게 맞는 방식을 찾아가는 일이 중요합니다. 데이터만을 맹신하는 것도, 경험만을 절대적인 기준으로 삼는 것도 균형 잡힌 시각을 가지는 데 한계를 만들 수 있습니다.

혼잣말은 우리 삶 전반에 긍정적인 영향을 미칠 수 있습니다. 긍정적인 혼잣말로 감정을 조절하고 문제 해결 능력을 키워 보십시오. 또한 경험과 데이터를 조화롭게 활용할 때, 보다 균형 잡힌 사고방식과 말하기 능력을 갖출 수 있습니다.

당신이 이러한 방법들을 일상에서 연습하고 적용해 자신만의 경험으로 지혜와 통찰을 쌓아 가기를 희망합니다.

66

명확한 발음과 발성

99

스타트업 회사를 설립한 지 1년이 되어가던 즈음, 저는 대전에서 열린 '로컬 스타트업 피칭 대회'에 참가해 최우수상을 수상하게 되었습니다. 이 대회는 자신이 운영하는 기업을 소개하는 전형적인 IR 피칭 형식으로 진행되었으며, 서류 심사부터 최종 발표까지 총 3단계를 거쳐 진행되었습니다.

대회에는 창업 1년이 채 되지 않은 신생 기업부터 10년 차 이상 기업까지 다양한 스타트업 회사가 참여했습니다. 각 기업 대표는 자신이 연구하고 개발하는 기술과 프로젝트를 차분하고 명확하게 설명했습니다. 그럼에도 불구하고 저희 회사가 2위를 할 수 있었던 이유는 논리적으로 구성된 발표 내용뿐만 아니라, 청중이 편안하게 들을 수 있도록 명확하게 발음하고 발성했기 때문입니다.

우리는 발표를 잘하는 사람을 두고 '딕션Diction'이 좋다고 합니다. 딕션은 사전적으로 '정확성과 유창성을 갖춘 발음'을 의미하며, 쉽게 말해 또박또박 명확하게 말하는 능력을 뜻합니다. 그렇다면 우리는 어떻게 하면 딕션을 개선할 수 있을까요?

피칭 대회에서 수상한 뒤 저는 투자 라운드 발표 기회를 얻게 되었습니다. 그 과정에서 스피치 아나운서에게 1:1 피칭 교육을 받게 되었습니다. 다행히도 아나운서는 제게 "딕션이 좋으니 조금만 더 다듬어 보자."라고 했고, 실전에 적용할 수 있는 효과적인 연습법을 알려 주었습니다.

보통 인터넷에서 '발음 연습'을 검색하면 볼펜을 입에 물고 천천히 발음하는 연습과 같은 방법이 소개됩니다. 물론 이러한 연습법도 어느 정도 도움이 될 수 있지만, 빠른 변화를 기대하기는 어렵습니다. 그래서 저는 직접 다양한 방법을 시도한 뒤, 실제로 효과를 본 3단계 연습법을 정리해 보았습니다.

1단계는 '여러 번의 호흡으로 나누기'입니다.

사람이 한 번에 말할 수 있는 시간은 평균 10초에서 15초입니다. 그러나 이 시간 동안 동일한 발음과 발성을 유지하는 일은 쉽지 않습니다. 말을 길게 이어 가면 후반부로 갈수록 목소리가 작아지거나 발음이 뭉개지는 현상이 발생할 수 있습니다.

이를 방지하려면 자연스럽게 호흡을 조절하는 연습을 해야 합니다. 먼저 발표할 내용을 스크립트(대본)로 작성한 뒤, 숨을 쉬어야 할 지점을 시각적으로 표시합니다. 예를 들어 다음과 같이 읽을 수 있습니다.

"안녕하세요. 저는 최영준 작가입니다. ∨ 제 취미 활동은 '소통'과 관련된 책 읽기인데요. ∨ 그 이유는 평소에도 말하는 것을 좋아하고, 다른 사람과 소통하는 데 ∨ 큰 관심을 가지고 있기 때문입니다."

여기서 '∨'는 호흡을 잠시 쉬어야 하는 지점을 나타냅니다. 대본을 읽을 때 이 표시를 의식적으로 확인하며 연습하면, 발표 중 자연스럽게 호흡을 조절할 수 있습니다.

이 방법을 반복하면 긴장감이 줄어들고, 청중이 듣기에도 더욱 편안한 발표가 됩니다. 중요한 발표를 앞두고 있다면, 이 연습을 통해 심리적 부담을 덜고 청중에게 안정감을 줄 수 있습니다.

2단계는 언어의 '강약 조절'입니다.

발표에서 '어조'는 매우 중요합니다. 단조로운 목소리로 이야기하면 청중이 쉽게 지루함을 느끼고, 발표 내용에 대한 집중력이 떨어질 수 있습니다. 따라서 강조해야 할 부분과 그렇지 않은 부분을 명확히 구분하는 것이 필요합니다.

강조할 내용은 목소리를 살짝 높여 몸을 앞으로 기울이며 전달하면 효과적입니다. 반면 덜 중요한 내용은 몸을 뒤로 젖히고 좀 더 부드럽게 발음하여 듣는 사람이 편안하게 들을 수 있도록 해야 합니다. 청중의 주의를 끌고 싶은 부분에서는 어조를 조절하고, 전달하고자 하는 감정을 표현하는 것이 중요합니다.

이렇게 강약 조절을 하면 발표에 생동감이 더해지고, 청중의 관심과 집중도를 높일 수 있습니다. 사람은 자연스럽게 자극적인 요소에 끌리므로 발표에서 감정과 강조를 적절히 활용하는 것이 효과적입니다.

3단계는 '녹음해서 듣기'입니다.

자신의 발음 상태를 확인하고 개선하는 가장 효과적인 방법은 자기 목소리를 녹음해서 들어 보는 것입니다. 이 과정은 단순히 발음을 확인하는 것이 아니라 듣는 사람 입장에서 자신의 발음을 객관적으로 평가하는 데 초점을 두어야 합니다. 자기 목소리를 스마트폰으로 녹음하고 녹음 파일을 들어 보며 발음이 부정확한 부분을 체크합니다. 그런 다음, 발음이 부정확한 부분을 찾아 수정하면 됩니다.

자신이 듣기 불편한 부분은 다른 사람도 불편하게 느낄 가능성이 높습니다. 따라서 녹음을 통한 자기 피드백을 반복하면, 스스로의 문제점을 인식하고 개선할 수 있습니다.

이처럼 발음과 발성은 타고나는 능력이 아닙니다. 연습을 통해 충분히 개선할 수 있습니다. 어릴 때 글씨를 잘 못 쓰던 사람도 연습을 통해 점점 더 정갈한 글씨를 쓰게 되듯 발음과 발성도 꾸준한 훈련을 통해 좋아질 수 있습니다.

발음을 명확하게 하고 개선하는 과정을 거치면 자신의 아이디어를 더욱 효과적으로 전달할 수 있습니다. 피칭, 발표, 회의 등에서 보다 설득력 있는 스피치를 하고 싶다면, 매일 조금씩 연습하세요. 당신의 목소리가 더욱 명확해지고, 듣는 사람에게도 신뢰감을 줄 수 있을 것입니다.

66

청중 맞춤형
스피치 준비하기

99

"당신이 미래에 어떤 직업을 갖든 미리 익혀두면 도움이 되는 능력은 무엇일까요?"

이 질문은 제가 중학교 3학년을 대상으로 진로 특강을 진행할 때 사용한 첫 문장입니다. 특강의 핵심 주제는 면접과 스피치, 즉 '말하기 능력'이 얼마나 중요한지에 대한 것이었고, 이를 효과적으로 전달하기 위해 고민하며 던진 질문이었습니다.

우리는 보통 '스피치'라는 단어를 들으면 다소 거창하게 느끼곤 합니다. 사전적 정의에 따르면, 스피치는 여러 사람 앞에서 자신의 주장이나 의견을 말하는 과정입니다. 하지만 이는 대규모 행사에서의 강연뿐만 아니라, 직장 동료와의 회의, 친구들과의 대화도 포함됩니다.

특징에 따라 분류해 보자면, 준비할 시간이 있느냐 없느냐, 즉 즉흥적인 스피치와 사전 준비된 스피치로 나눠서 생각해 볼 수 있습니다. 우리는 일상에서 빠르게 청중을 분석하고, 그에 맞는 말하기를 하는 연습이 필요합니다.

우리가 어떤 메시지를 전달할 때, 청중 분석은 필수적입니다. 동일한 내용을 말하더라도, 누가 듣느냐에 따라 메시지의 구성과 표현 방식이 달라져야 하기 때문입니다.

예를 들어, 2000년대 이후에 태어난 청소년들에게 1990년대 가요를 추천하는 것을 상상해 보세요. 청중의 관심사와 맞지 않는다면, 그들이 집중하기 어려울 것입니다. 마찬가지로, 대규모 행사에서 강연을 할 때도 청중의 연령대, 관심사, 배경지식을 미리 파악하고, 이에 맞춰 스크립트를 수정하며 준비하는 과정은 필수적입니다.

맞춤형 스피치가 필요한 이유는 청중이 집중하기 쉬워지고, 강연자의 신뢰도가 높아지며, 전달력이 향상되기 때문입니다.

예를 들어 강사들을 대상으로 강연할 때는 이렇게 시작했습니다.

"안녕하세요, 최영준입니다. 오늘은 강사로 활동하시는 여러분께 학생들이 자연스럽게 집중하는 강연을 하는 방법을 알려드리겠습니다."

이처럼 청중을 직접 언급하고 그들에게 실질적으로 도움이 되는 내용을 예고하면 청중은 더욱 집중하게 됩니다. 청중을 직접 언급하려면 강연 전에 청중의 정보를 파악해야 합니다. 연령대와 관심사, 지적 수준 등을 사전에 조사하면 어떤 예시를 사용할지, 어떤 어휘를 선택할지, 어떤 방식으로 설명할지를 결정하는 데 큰 도움이 됩니다.

청중의 정보를 알고 있으면 예시도 맞춤형으로 적절히 선택해 활용할 수 있습니다.

일반적인 예시 사용 방식

"성공한 사람들은 항상 긍정적인 태도를 유지합니다. 예를 들어, 스티브 잡스는……"

대학생을 대상으로 한 맞춤형 예시 활용 방식

"대학생 시절, 시험이 끝난 후 성적이 기대보다 낮았던 경험이 있나요? 이때 어떻게 대처하느냐에 따라 장기적인 성장이 달라집니다. 예를 들어……"

같은 메시지라도, 청중이 공감할 수 있도록 예시를 바꾸면 더욱 효과적인 전달이 가능합니다. 강연자는 청중이 소극적인 태도를 보이지는 않을까 걱정하기보다는, 능동적으로 참여를 유도해야 합니다.

강연을 시작할 때 질문을 던지면 청중은 자연스럽게 자신의 경험을 떠올리며 몰입하게 됩니다.

"가장 지루했던 강연이 무엇인지 생각해 보세요. 왜 지루했을까요?"

간단한 활동을 활용하는 방법도 있습니다.

"바로 옆 사람과 가위바위보를 해 보세요. 이긴 사람이 1분 동안 자기소개를 해 보는 겁니다."

이런 활동은 분위기를 부드럽게 만들고, 긴장을 풀어주는 역할을 합니다. 질문을 던질 때는 허공에 묻기 보다 특정 대상을 지정하는 것이 효과적입니다.

"앞에 빨간 셔츠를 입으신 분, 간단하게 자기소개해 주실 수 있을까요?"

다만 주의할 점은 참가자에게 부담이 가지 않도록 자연스러운 방식을 선택해야 한다는 것입니다.

강연 중 청중이 집중하고 있는지 확인하려면 비언어적 신호를 살펴보는 것이 중요합니다.

집중할 때

· 고개를 끄덕인다.

· 눈을 맞추고 있다.

· 필기를 하거나 메모한다.

집중력이 떨어졌을 때

· 시계를 자주 본다.

· 자세가 흐트러진다.

· 주변 사람과 대화를 나눈다.

청중이 지루해하는 기미가 보이면 목소리 톤을 높이거나, 새로운 질문을 던지면 분위기를 환기시킬 수 있습니다. 청중이 예상하기 어려운 이야기를 꺼내는 방법도 좋습니다.

이렇게 무사히 강연을 마쳤다면 반드시 청중의 피드백을 수집하는 과정이 필요합니다. 피드백은 설문지를 활용하거나 강연이 끝난 뒤 청중과 직접 대화하며 의견을 듣는 방법, 이메일이나 SNS를 통해 후기를 듣는 등의 방법이 있습니다. 이런 피드백을 바탕으로 다음 스피치를 더욱 발전시킬 수 있습니다.

맞춤형 스피치는 단순한 정보 전달이 아닙니다. 청중과의 연결을 강화하고, 소통의 질을 높이는 핵심 요소입니다. 다시 한번 단계별로 정리해 설명하자면 먼저 사전에 청중 분석을 철저히 하고, 맞춤형 예시와 질문을 활용합니다. 강연 중 청중의 반응을 읽고 말할 내용을 조정하고, 강연이 끝난 뒤에는 피드백을 받아 개선해 나갑니다.

청중을 이해하고 그에 맞춰 맞춤형 스피치를 준비하는 과정은 강연의 성공을 결정짓는 중요한 요소가 됩니다. 당신이 준비한 메시지를 더 많은 사람에게 효과적으로 전달하고 싶다면 맞춤형 스피치 전략을 적극적으로 활용해 보십시오.

반론에는
논리적 근거가 필요하다

반론이란 사전적으로 남의 논설이나 비난, 논평 따위에 대한 반박을 의미합니다. 쉽게 말해 다른 사람의 의견에 대해 'NO!'라고 말하는 것이죠. 이는 상대방에게는 상대방 의견이 틀렸다고 말하는 것과 같은 의미로 받아들여질 수 있습니다.

반론이 오가며 서로 의견을 주고받는 과정이 심화되면 논쟁이 됩니다. 논쟁의 궁극적인 목표는 문제의 본질을 파악하고, 더 나은 해답을 찾는 일입니다. 따라서 우리는 반론을 제기할 때 단순히 상대의 의견을 부정하는 것이 아니라 보다 논리적이고 생산적인 대화를 이끄는 데 초점을 맞출 필요가 있습니다.

반론을 제기할 때는 단순한 의견 표명에 그치지 않아야 합니다. 반드시 구체적인 논리적 근거를 함께 제시해야 합니다. 제가 한 중학교에서 진로 교육을 진행한 경험을 일례로 이야기해 보겠습니다.

당시 토론 수업을 통해 학생들이 자신의 의견을 자유롭게 표현하도록 유도했는데, 자연스럽게 주장과 반론이 오갔습니다. 토론 주제는 '캠핑'이었고, 학생 A가 이렇게 말했습니다.

"캠핑은 정말 좋은 활동이야. 자연 속에서 시간을 보낼 수 있고, 스트레스를 풀 수 있어."

이에 대해 학생 B가 반론을 제기했습니다.

"아니야. 다들 캠핑은 불편하다고 생각해. 차라리 집에서 쉬는 게 좋아."

학생 B의 반론은 문제가 있었습니다. 왜냐하면 구체적인 근거 없이 단순한 반대 의견만 제시했으며, '다들'이라는 표현으로 일반화 오류를 범했기 때문입니다.

그렇다면 바람직한 반론이 되려면 어떻게 말해야 할까요?

"A의 말도 맞는 부분이 있어. 하지만 캠핑은 불편한 점도 많아. 예를 들어 날씨가 안 좋으면 계획이 틀어질 수 있고, 화장실이나 샤워 시설이 부족해서 불편함을 느끼는 경우도 많아. 이런 점을 고려하면 캠핑이 무조건 좋은 활동이라고 보기는 어려워."

이와 같은 반론은 상대방의 의견을 존중하면서도 자신의 논리를 근거와 함께 명확히 전달하는 방식입니다.

일상적인 대화에서도 적절한 반론을 제기하는 능력은 매우 중요합니다. 다음의 세 가지 방법을 연습하면 논리적인 반론을 제시하는 데 큰 도움이 됩니다.

반론을 제기할 때 상대의 의견을 먼저 인정하면, 대화의 흐름이 부드러워집니다. 상대의 말을 이해한다고 표현하는 것만으로도 공격적인 느낌을 줄일 수 있기 때문입니다.

반론이 어렵다면 "○○ 말도 이해해. 하지만……"으로 반론을 시작해 보십시오.

"치킨을 먹고 싶다고 했지? 너의 의견도 이해해. 하지만 요즘 기름진 음식을 너무 많이 먹었어. 그래서 오늘은 조금 더 가벼운 음식, 예를 들면 샐러드나 샌드위치는 어떨까?"

"이 프로젝트를 진행하는 방식이 효과적일 것 같다는 의견, 나도 이해해. 하지만 예산이 부족하다는 점을 고려하면, 다른 대안을 고민해 보는 게 어떨까?"

이처럼 상대의 의견을 먼저 인정하면 상대방도 반론을 더 열린 자세로 받아들일 가능성이 커집니다.

또한 반론을 의견 충돌로 끝낼 것이 아니라, 대안을 함께 제시하면 더욱 생산적인 대화가 됩니다.

A "나는 운동을 좋아해서 퇴근 후 온천천에서 달리기를 하고 싶어."

B "운동하는 건 정말 좋은 생각이야! 하지만 오늘 저녁에 회사 모임이 있어서, 땀을 많이 흘리면 준비하기 어려울 수도 있을 것 같아. 대신 이번에는 가벼운 산책을 하면서 대화를 나누는 건 어때?"

이와 같은 접근법은 상대방의 감정을 존중하면서도 논리적으로 설득하는 데 효과적입니다.

논쟁을 할 때 상대방의 주장과 자신의 주장을 동등한 수준으로 맞추는 것이 중요합니다. 이를 통해 대화의 균형을 유지하고, 감정적인 충돌을 줄일 수 있습니다.

잘못된 반론의 예

"네 말은 틀렸어. 그건 말도 안 되는 의견이야."

올바른 반론의 예

"네 의견도 일리가 있어. 하지만 이 부분에서 생각해 볼 점이 있어. 예를 들어……"

이처럼 상대방의 의견을 완전히 부정하지 않고, 논리적으로 접근하는 것이 중요합니다.

논쟁할 때 중요한 점은 이기는 것이 아닙니다. 더 나은 해답을 찾고, 문제의 본질을 파악하는 데 중점을 두어야 합니다. 이를 위해 다음과 같은 태도를 유지하는 것이 중요합니다.

반론을 할 때 감정이 개입되면 논리가 흐려질 수 있습니다. 그렇기에 차분한 태도를 유지하는 것이 중요합니다. 또 '이 사람은 왜 이렇게 생각할까?'라는 질문을 스스로에게 던져보면서 상대방 입장을 고려한다면 논쟁이 더욱 생산적으로 진행됩니다. 반론의 목적은 승패를 가리는 것이 아니라, 서로의 생각을 발전시키는 것입니다.

반론은 상대방의 의견을 부정하는 데 목적이 있는 것이 아니라, 더 나은 결론을 도출하기 위한 과정입니다. 논리적인 근거를 제시하고 상대의 의견을 존중하는 태도를 유지하며, 해결책을 함께 모색하는 연습을 한다면 더욱 효과적으로 소통할 수 있을 것입니다.

이러한 방법을 일상에서 실천한다면, 당신은 더 논리적이고 설득력 있는 대화를 할 수 있을 것입니다. 또한 상대방과의 관계도 더욱 긍정적으로 유지할 수 있을 것입니다. 이제 논리적인 반론을 연습하며 더 깊이 있는 대화를 나누어 보십시오.

66
반복과
피드백의 중요성
99

아리스토텔레스는 "우리가 반복적으로 행하는 것이 우리 자신이다. 그렇다면 탁월함은 단순 행동이 아닌 습관이다."라고 말했습니다. 이는 인간의 반복적인 행동이 자신을 형성한다는 점을 강조하는 말입니다. 우리가 새로운 자극에 호기심을 느끼는 것은 자연스럽지만, 반복적인 행동이 우리를 만든다는 사실을 명심해야 합니다.

이 말은 '존재 자체를 부정하지 말라'는 중요한 메시지를 담고 있습니다. 탁월함은 단순한 행동이 아닌, 지속적으로 반복한 습관에서 나온 결과물입니다. 당신은 어떤 습관을 가지고 있나요? 저는 일을 할 때 목표를 달성하면 작은 보상을 주는 습관이 있습니다. 횟집을 운영할 때는 목표 매출을 정하고, 이를 달성할 때마다 저에게 보상을 주었습니다. 50만 원 매출을 달성하면 치킨을 사 먹고, 500만 원을 달성하면 옷을, 5,000만 원을 달성하면 좋아하는 브랜드의 지갑을 샀습니다. 돌이켜보면, 이 보상 체계 덕분에 1년 안에 월 7,500만 원이라는 목표 매출을 달성할 수 있었습니다.

살펴보면 일상에는 반복하는 습관이 있습니다. 밥을 먹기 전에 물을 마시거나 대화 중 특정 단어를 반복해서 사용하는 것처럼 특별히 의식하지 않아도 이미 이러한 습관은 생기게 마련입니다.

이제 당신은 일상에서 반복 학습을 통해 '언어 레시피'를 만들 차례입니다. 요리를 해 본 사람이라면 잘 알겠지만 대한민국의 국민 요리인 라면도 누구에 의해 어떻게 끓여지느냐에 따라 맛이 달라집니다. 이는 각자 좋아하는 맛과 레시피가 다르기 때문입니다. 마찬가지로 각자의 말투와 표현에도 고유의 패턴과 습관이 숨어 있으므로 이를 발전시키기 위해서는 자신만의 '언어 레시피'를 개발해야 합니다.

정답은 없습니다. 하지만 '말을 논리적으로 잘하는 방법'을 바탕으로 연습을 거듭하다 보면, 자연스럽게 변화하는 자신을 발견할 수 있을 것입니다. 결국 정답은 당신의 내면에 있습니다.

본인만의 레시피를 개발하려면 기초 지식이 쌓여야 합니다. 마치 요리학원에서 기본 레시피를 배우듯, 먼저 기초 지식을 익히는 경험이 필요합니다. 이미 이 책이나 다른 자료를 통해 충분한 지식을 쌓았다면, 이제 이를 실생활에 적용하고 반복 학습할 차례입니다. 그 연습장이 바로 '일상'입니다. 하루 동안 가장 많이 대화하는 사람이 누구인지 생각해 보세요.

그 사람을 '메이트Mate'라고 부르며, 대화에 지식을 적용해 보는 것입니다. 기존에 사용하던 말을 객관적으로 바라보는 연습도 필요합니다.

이 과정에서 중요한 점은 '3인칭 시점'입니다. 메이트와 대화 중에도 한 발짝 떨어져서 대화를 바라보는 것입니다. 자신을 객관적으로 바라보기란 매우 어려운 일이지만, 이를 위해 노력하는 것이 중요합니다. 감정은 주관적으로 바라보기보다는 3인칭 시점으로, 객관화한 형태로 바라보는 연습이 필요합니다.

사람들은 종종 대화 중 예상치 못한 답변을 듣거나 어려운 상황에 직면합니다. 이럴 때 감정적으로 회피하려는 경향이 생기기 쉬운데, 이 행동이 습관화되면 자기 객관화와 3인칭 시점을 유지하는 일이 어려워집니다. 이를 이해하기 위해 예를 들어 보겠습니다.

친구 A와 B가 있다고 가정합시다. A는 자주 B에게 도움을 주는 친구입니다. 어느 날 A는 이사를 하게 되었고, B가 이사를 도와주러 왔습니다. 그런데 A가 B에게 이렇게 묻습니다. "이번 주에 일정이 바뀌어서 두 번으로 나눠서 이삿짐을 옮겨야 해. 사람을 부르면 비용이 너무 비싸서 그러는데 한 번 더 도와줄 수 있을까?"

B는 순간 당황하게 됩니다. A가 평소 자주 자신에게 도움을 준 만큼 이번에는 도와줘야 한다는 부채감을 느끼면서도, 이미 약속된 친구들과의 만남을 미루는 일이 쉽지 않기 때문입니다. 이때 B는 어떤 대답을 해야 할까요?

"어, 음…… 잘 모르겠어."라고 모호하게 대답한다면, 두 사람 사이에 불필요한 긴장감이 생길 수 있습니다. 입이 잘 떨어지지 않더라도 "미안해. 이번 주엔 이미 다른 약속이 있어서 도와줄 수 없어."라고 확실하게 말하는 편이 바람직합니다.

B는 자신의 상황과 감정을 이해하고 이를 토대로 적절한 대답을 해야 합니다. 이 의식적인 노력은 대화 전후에 자신을 객관적으로 돌아보는 데 유용합니다.

감정에 휘둘리지 말고 상황을 객관적으로 바라보는 연습을 하십시오. 대화 중 여유가 생기면, 스스로에게 '내가 이 상황을 어떻게 바라보고 있는가?', '내가 솔직하게 말하고 있는가?', '상대방의 의도를 잘 이해하고 있는가?'와 같은 질문을 던져 보세요.

결국 자신을 얼마나 잘 이해하고 있는지가 말하기와 소통 능력을 결정합니다. 어떻게 자신을 표현하고, 대화 상대에게 어떻게 다가가느냐에 따라 관계의 질이 달라지고, 이는 개인의 성장으로 이어집니다. 그러므로 대화 속에서 자신을 이해하고 표현할 기회를 놓치지 말아야 합니다.

이로써 당신은 자신의 언어 습관과 표현 방식을 알아가며, 자신만의 '레시피'를 개발하는 여정을 시작하게 됩니다. 이 실천들이 쌓이면 당신은 자연스럽게 논리적이고 효과적으로 소통하는 능력을 갖추게 될 것입니다.

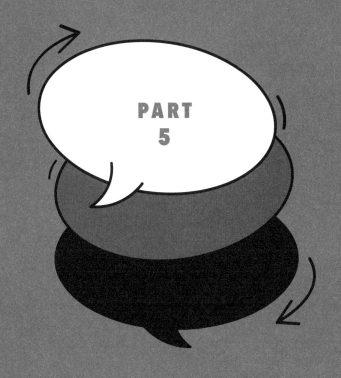

PART
5

감정과
상황에 맞는 일상 속
대화 레시피

66

공허함을 느낄 때,
한식 대화법

99

비빔밥, 불고기, 냉면 같은 다양한 음식에 우리는 '한식'이라는 고유한 정체성을 부여합니다. 이런 음식은 그 자체로도 맛있지만, 우리의 문화와 정서를 담고 있는 소중한 자산이라 할 수 있습니다. 또한 한식은 단순한 식사 그 이상의 의미를 지니며, 우리 각자의 삶 속에서 어떻게 대화를 나눌 수 있을지를 고민하는 데에도 적용이 가능합니다.

이번에는 '한식 대화법'이라는 새로운 개념을 통해 일상 속 상황에서 우리의 감정을 어떻게 표현하고 소통할 수 있는지를 알아보겠습니다.

저마다 자기만의 삶을 살아가기 때문에 100% 동일한 상황을 가정하기란 결코 쉽지 않습니다. 예를 들어 '친구와 싸웠을 때의 대화법'을 제시하더라도 당신이 겪고 있는 상황은 다를 수 있습니다. 친구와의 갈등 원인 그리고 그 갈등이 발생한 맥락은 각자 다르기 때문에, 정답이 하나로 정해진 대화법을 적용하기에는 한계가 있습니다. 이렇게 상황의 다양성을 고려할 때, 저는 보다 보편적인 '감정'이라는 측면에서 대화하는 법을 제안하고자 합니다. 사람은 끊임없이 대화를 나누고 이 대화는 언어적 소통뿐 아니라 비언어적 소통에서도 나타납니다.

한식이 주는 영양과 포만감은 우리에게 필요한 요소입니다. 당신이 일상에서 한식을 찾는 이유는 여러 가지가 있겠지만, 많은 사람이 공허함을 채우기 위해 한식을 선택합니다. 이는 한식이 우리에게 정서적 안정감을 주기 때문입니다. 기분이 우울하거나 무기력해질 때, 대화에서도 이러한 한식과 같은 포만감을 줄 방법이 필요합니다. 그래서 저는 이를 한식 대화법이라고 이름 붙이기로 했습니다.

한식 대화법은 상대방이나 자신의 감정 상태를 이해하고 지탱해 주는 역할을 합니다. 예를 들어 몸이 무겁고 기운이 없는 날에는 당신이 느끼는 부정적인 감정을 과도하게 확대 해석하는 경향이 생길 수 있습니다. 이런 날에는 마음을 다잡고 상대에게 긍정적이고 격려하는 말을 건네 보십시오. 이러한 대화는 상대방을 이해하고 공감하는 과정에서 출발합니다. 예를 들어 "지금 몸이 좀 힘든 것 같은데, 나중에 상황이 나아지겠지?" 같은 표현은 자신의 감정을 인정하면서도 긍정적인 기대를 담고 있습니다.

제가 하루 평균 네 시간밖에 잠을 자지 못했던 시절이 있습니다. 당시에는 성공에 대한 열망이 커서 잠을 줄여야 한다는 신념이 있었고, 결국 몸이 고장 난듯 아프고 무기력한 날이 많았습니다. 그렇게 일에만 빠져 있던 어느 날, 유난히 몸이 무거운 상태로 하루를 시작했습니다. '내가 어디 아픈가?'라는 생각도 들었지만 아픈 것보다 더 무겁게 느껴지는 감정을 이해하고 스스로를 다독여야 했습니다.

이런 힘든 시간을 겪으면서 깨달은 점은, 우리가 몸과 마음이 지칠 때 스스로를 위로하고 지탱하게 하는 '자기 암시'가 필요하다는 것이었습니다. 예를 들어 "나는 이제 괜찮아.", "몸이 많이 무거우니 30분만 낮잠을 자고 다시 일어나면 괜찮을 거야.", "점심을 맛있게 먹고 나면 좋아질 거야."와 같은 말을 반복하며 스스로를 위로했습니다. 이런 자기 암시는 단순한 긍정어가 아니라, 현재의 상태를 이해하고 그것을 바탕으로 앞으로 나아갈 수 있는 발판이 됩니다. 마치 한식에서 고추장이나 된장이 어떤 음식과도 잘 어우러지는 것과 같은 원리입니다.

사람들은 믿고 싶은 대로 믿고 말하고 싶은 대로 말을 하는 경향이 있습니다. 이러한 자기 암시로 무겁고 힘들었던 제 몸은 점차 가벼워졌습니다. 무거운 느낌이 90%였다면 자기 암시를 통해 70%, 그 다음에는 50%로 줄어드는 경험을 했습니다. 이러한 과정으로 저는 한식처럼 우리의 감정도 다양한 방식으로 채울 수 있다는 것을 실감하게 되었습니다. 물론 한식 대화법이 모든 문제를 해결할 수는 없습니다. 다만 유난히 힘 빠지는 날, 건강에 좋은 한 끼를 먹듯 '한식 대화법'으로 마음의 양식을 채워 볼 수 있습니다.

한식 대화법은 가라앉는 기분에서 조금씩 벗어나는 데 도움이 됩니다. 그리고 당신이 느끼는 공허함을 이해하는 기회가 생길 수 있습니다. 더불어 다른 사람이 힘들어할 때 "그렇구나, 나 이해했어."와 같은 공감의 반응을 해 보시기 바랍니다. 이 한마디는 상대방의 말에 귀 기울이고 이해하는 데 큰 힘이 됩니다. 언어로 표현된 이러한 공감의 노력은 상대방에게 긍정적인 에너지를 가져다주기도 하며, 관계를 더욱 돈독하게 만듭니다. 상대방의 말에 예상보다 더 큰 공감을 보여 준다면, 내면이 채워지고 있다는 사실을 실감할 수 있을 것입니다.

한식 대화법은 혼자서 활용할 수 있을 뿐만 아니라, 타인과의 관계에서도 문제를 해결하는 중요한 도구가 됩니다. 사람은 자신이 직면한 감정이나 상황에서 적절한 단어를 찾기가 어려울 때가 많습니다. 이럴 때 '한식 대화법'을 적용하면 자신의 감정을 표현하는 데 큰 도움이 됩니다.

주변에 도움이 필요한 친구가 있다면 그 친구의 기분을 이해하려고 노력하고 공감하는 말 한 마디라도 건네 보십시오. "얼마나 힘들었겠어. 나도 그런 기분이 들 때가 있어." 이러한 말은 언어적 표현을 넘어 상대방에게 지지와 격려의 메시지를 전달할 수 있습니다. 특히 감정적으로 힘든 시기에 우리는 더 많은 관심과 이해가 필요합니다. 그럴 때 지지의 한 마디가 큰 힘이 될 수 있다는 것을 기억하십시오.

그 과정에서 당신도 상대방의 감정을 이해하며 자신의 마음도 한층 더 안정된 상태로 나아갈 수 있을 것입니다. 사람은 신체적으로든, 정신적으로든 에너지가 고갈되기 쉬운 존재입니다. 그러므로 공허함을 느끼는 순간이 찾아오는 일은 매우 자연스럽습니다. 몸이 피곤하고 힘든 날에는 한편으로는 자신을 위로하고, 또 한편으로는 상대방과의 소통을 통해 서로를 채워 가는 기회를 만들 수 있습니다.

한식 대화법은 내면의 허기를 채울 수 있습니다. 상대방과의 대화에서 상호 작용이 이루어질 때, 두 사람의 에너지가 서로 보완된다는 것을 느낄 수 있습니다. 서로에게 이로운 대화를 나누면서 관계를 더욱 깊고 두텁게 만들 수 있으며, 이를 통해 우리는 일상에서 느끼는 다양한 감정들을 이해하고 다룰 수 있게 됩니다.

상대방의 감정을 이해하고 공감하는 일은 대인 관계에 큰 힘이 됩니다. 궁극적으로 대화는 혼자서는 이룰 수 없는 상호 작용이며, 이를 통해 얻는 정서적 교감은 살아가는 데 큰 버팀목이 될 것입니다. 한식을 통해 몸의 에너지를 얻었다면, 한식 대화법으로 삶의 에너지를 회복해 보시길 바랍니다.

감정이 격해졌을 때, 중식 대화법

'마라탕'은 많은 사람에게 사랑을 받는 음식입니다. 하지만 그 자극적인 맛 때문에 의사들은 잦은 섭취에 대해 우려를 표합니다. 이처럼 자극적인 음식과 사람의 격한 감정은 흥미롭게도 닮은 점이 있습니다.

여기서는 일상에서 감정이 격해지고 화가 날 때 도움이 될만한 '중식 대화법'에 대해 이야기해 보려고 합니다. 많은 사람이 스트레스를 해소하기 위해 자극적인 음식을 찾습니다. 저는 개인적으로 머리가 복잡하거나 하루 안에 해야 할 일이 많아 빠르게 해결하고 싶을 때 중식을 찾습니다. 자극적인 음식으로 재충전을 하고 정신을 차리기 위함입니다.

살다 보면 긍정적인 경험보다 부정적인 경험을 하게 되는 경우가 많다는 것을 알 수 있습니다. 물론 개인차가 있겠지만, 제가 100명이 넘는 사람과 상담을 하며 느낀 점도 그렇습니다. 그래서 우리는 억울함이나 화가 나는 상황에 처했을 때, '중식 대화법'을 유용하게 활용할 필요가 있습니다. 중식 요리들이 가지는 공통점은 여러 재료가 조화롭게 섞여 있다는 점입니다. 중식 요리사는 이 재료들의 조화를 잘 이해하고 활용해야 요리를 완성할 수 있습니다.

음식 맛을 제대로 내려면 다양한 식재료가 어떻게 조화를 이루는지 잘 알아야 합니다. 마찬가지로 감정이 격해질 때는 현재의 힘든 상황이 왜 만들어졌는지, 그리고 그 전후 과정을 잘 따져 봐야 합니다.

저의 경험을 예로 이야기해 보겠습니다. 저는 법인 회사를 설립해 누구보다 빠르게 성장하려고 노력했습니다. 잠을 줄여 제품 개발에 많은 시간을 투자했습니다. 그러던 중 '청년창업사관학교'라는 정부 지원사업에 최종 선정되어 1억 원이 넘는 지원금을 받게 되었습니다. 이 지원금은 초기 스타트업 사업에 앞날을 밝히는 등대와 같았고, 저에게 큰 원동력이 되었습니다.

하지만 문제는 여기서 발생했습니다. 우리나라에서 사업을 한다는 것은 쉽지 않습니다. 특히 경험이 부족한 사람에게는 부정적인 시선이 많은 것이 현실입니다. 다른 사람들은 정부 지원금을 가볍게 여기고, 경험이 부족한 창업자에게서 본인의 이득을 편취하려는 기회를 노리기도 합니다. 실제로 저는 마케팅을 위해 협력하기로 한 사람에게 이런 일을 당하게 되었습니다. 사업 초기라 마케팅에 들어가는 모든 비용은 지원금으로 처리하기로 했습니다. 그런데 마케팅을 진행한 뒤, 정산 과정에서 협력 업체 대표님의 태도가 달라졌습니다. 추가 비용을 요구하기 시작한 것입니다. 다양한 상황에서 사업을 운영하다 보니 저를 속이려는 사람도 많아졌고, 억울한 피해를 입기도 했습니다. 그럴수록 저는 상황을 냉철하게 판단하려고 했습니다. 결국 천만 원 정도의 피해를 감수하고 그 사람과의 관계를 정리했습니다. 이 과정에서 '중식 대화법'을 활용했기에 무사히 상황을 정리할 수 있었습니다. 상대가 나를 속이려 든다면, 적절한 대처가 필요합니다.

감정이 격해지면 "물은 이미 엎질러졌어. 그럼 왜 이렇게 되었는지를 생각해 보자."라고 스스로에게 말했습니다. 지금의 힘든 상황이 왜 발생했는지, 그 전후 과정을 분석한 것입니다. 문제를 바라보면 감정이 격해지기 쉽지만, 문제의 원인과 구성을 이해하지 않으면 실질적인 해결은 어렵습니다.

많은 사람이 감정이 격해지면 문제의 큰 형태에 집착하기 쉽습니다. 그러나 이는 도움이 되지 않습니다. 물을 쏟았을 때, 어떻게 정리할지를 고민해야 하는데 감정이 격해져서 다시 컵에 물을 어떻게 담을지 고민하게 되는 상황이 될 수 있습니다.

"화났을 때는 아무 일도 하지 말라."라고 스페인의 철학자 발타사르 그라시안Baltasar Gracián은 말했습니다. 이 말의 진정한 의미를 우리는 잘 알고 있습니다. 감정이 격해졌을 때는 잘못된 판단으로 이어질 수 있기 때문입니다. "자, 일단 진정하고 생각해 보자."라는 말을 습관적으로 반복해 보십시오. 감정이 격해지면 결정을 내리거나 행동하는 데 실수할 수 있습니다. 화가 나면 '이렇게 해야지.', '이게 맞는 거지.', '참지 말고 이렇게 하라니까.'와 같은 생각이 불쑥불쑥 떠오릅니다. 이런 상황에서 우리가 해야 할 일은 '이유와 문제의 구성'을 생각하고 인지하는 연습을 하는 것입니다.

문제를 해결하려면 그 문제를 구성하는 요소를 파악해야 합니다. 마치 중식 요리에서 다양한 재료를 조합해 맛을 내는 것처럼, 우리의 감정과 상황에도 여러 요소들이 얽혀 있습니다. 감정이 격해졌을 때, 우리는 문제를 전체로만 바라보게 되는데, 이는 문제 해결에 방해가 될 수 있습니다.

예를 들어 사업 파트너와의 갈등 상황에서 상대방의 요구가 불합리하다고 느낄 때, 우리는 본능적으로 반응하게 됩니다. 이때 상대방이 무엇을 요구하는지, 그 요구의 배경은 무엇인지 그리고 자신이 왜 이렇게 감정이 격해졌는지를 살펴봐야 합니다. 이런 과정은 시간이 걸리지만 결국 더 나은 판단을 내릴 수 있게 해 줍니다.

또한 자신의 감정을 통제하기 위해 '중식 대화법'을 사용할 수 있습니다. 이것은 상대방과의 소통뿐만 아니라 자신과의 대화에도 유용합니다. 감정이 고조된 상황에서는 스스로에게 질문해 보십시오. '왜 나는 이렇게 느끼는가?', '이 상황에서 내가 진정으로 원하는 것은 무엇인가?' 이러한 질문은 자신의 감정을 이해하고 문제의 본질을 파악하는 데 도움이 됩니다.

이는 주변 사람에게도 적용할 수 있습니다. 감정적으로 격해진 상대방과 대화를 나눌 때는 그들의 이야기를 경청하고, 감정을 이해하려고 노력해야 합니다. 대화를 통해 서로의 감정을 확인하고, 문제가 발생한 배경을 명확히 파악하는 과정이 필요합니다. 상대방이 왜 그런 행동을 했는지를 이해하고, 그들의 언어로 접근해야 합니다. 상대의 감정을 인정하고 공감하는 일이 갈등 해결의 중요한 첫걸음이 됩니다.

"자, 물은 이미 엎질러졌어. 그럼 이제 어떻게 해야 할까?" 이런 질문으로 대화를 이어 가면, 감정이 격해졌더라도 상황을 정상으로 되돌릴 기회를 만들 수 있습니다. 여러 상황을 분석하고, 각 요소를 세분화하여 대처 방안을 모색하는 것이 쌓여온 갈등을 해소하는 데 도움이 됩니다.

결정을 내리기 전에 다시 한번 생각해 보는 습관을 들이십시오. 화가 나서 내린 결정은 후회로 이어지기 쉽습니다. 따라서 한발 물러서서 상황을 바라보는 연습을 해야 합니다. 이렇게 중식 대화법의 조화와 균형을 통해 감정을 다루는 법을 익히게 될 것입니다.

마지막으로, 감정을 망가뜨리는 다양한 상황 속에서 이러한 대화법을 연습한다면 감정 조절뿐만 아니라 최악의 상황에서도 해결책을 찾아낼 수 있게 됩니다.

우리는 끊임없이 부딪히고 갈등을 겪습니다. 이럴 때마다 냉정함을 유지하고 상황을 바라보는 안목을 키우는 것이 중요합니다.

일상에서 자주 겪는 스트레스와 갈등은 모두 피할 수 없지만, 그에 대한 대처와 태도를 어떻게 설정하느냐가 문제 해결에 큰 영향을 미친다는 점을 기억해야 합니다. 감정을 조절하는 방법이 익숙해질수록 나 자신뿐만 아니라 주변 사람들과의 관계도 더욱 건강하고 긍정적으로 변화할 것입니다.

예민해졌을 때,
일식 대화법

"

전국을 돌며 강연을 진행하다 보면 가끔씩 "어떤 전공을 하셨나요?"라는 질문을 받곤 합니다. 제 전공은 '외식조리학부 외식조리'입니다. 4년 동안 한식, 중식, 일식, 양식, 제과 제빵 등 다양한 요리 수업을 듣고, 그 과정에서 뛰어난 교수님들에게 많은 가르침을 받았습니다.

그중에서 제가 가장 먼저 취득한 국가 자격증은 '한식'이지만, 창업은 '일식'으로 하게 되었습니다. 그래서 그런지, '일식 대화법'에 대해서는 남다른 자신감이 있습니다.

일식 조리를 배우거나 경험해 본 사람은 잘 알 겁니다. 일식은 다른 요리에 비해 훨씬 섬세한 조리 방식입니다. 칼날이 예리해야 하고, 특히 활어를 다룰 때는 단 한 번의 실수로도 신선도나 맛이 크게 달라질 수 있습니다. 이런 일식의 특성을 반영해 일식 대화법을 만들어 보았습니다.

살다 보면 때때로 '오늘 내가 좀 예민한가?' 하는 생각이 들거나, 주변에서 "너 오늘 좀 예민한 것 같아."라는 말을 듣게 될 때가 있습니다. 예민함의 원인은 사람마다 다르겠지만 그에 대해 깊이 파고들기보다는 예민한 상태에서 사용할 대화 방식을 중심으로 이야기하려고 합니다.

예민한 사람의 특징은 무엇일까요? 평소 무딘 사람이라도 때로 예민해지는 순간이 있습니다. 그러므로 그 감정을 다룰 방법을 알아 두는 것이 좋습니다. 이론적으로 여러 가지 특징이 있지만, 저는 크게 두 가지를 강조하고 싶습니다.

첫째, 예민한 사람은 보통 자존감이 낮은 경향이 있습니다. 성장을 추구하는 사람은 자주 자신에 대해 엄격하고, 더 나은 자신을 만들기 위해 스스로를 밀어붙이기도 합니다. 이런 감정은 타인의 평가에 민감하게 반응하게 만들고, 결국 거부감이나 실패에 대한 두려움을 초래할 수 있습니다.

이럴 때일수록 자존감을 지키는 일이 중요합니다. 상대의 말을 듣지 말라는 것이 아니라 자신의 자존감을 보호하라는 뜻입니다. 대화를 나누면 상대방의 자존감을 감지할 수 있게 됩니다. 이는 평가가 아닌 서로에게 전달되는 것입니다. 예민할 때는 자주 상대방의 말을 흡수하듯이 받아들이는 경향이 있지만, 한 번 더 생각하는 연습을 해야 합니다.

이와 관련하여 제가 추천하는 방법은 두 번 생각하고, 가능하다면 답변을 미루는 것입니다. 감정이 격해졌을 때 다툰 뒤에 부정적인 감정이 잠잠해지는 경험을 해 보셨을 것입니다. 그 경험을 토대로 '생각할 시간'이라는 명분으로 답변을 미루는 태도는 상대에 대한 존중을 나타내고, 신중함을 더하는 일입니다.

둘째, 예민한 사람들은 지나치게 감정에 이입하는 경향이 있습니다. 대화에서는 감정과 이성이 균형을 이루는 것이 중요합니다. 하지만 예민한 상태에서는 감정이 과하게 이입되어 상대방의 말에 휘둘리거나 상처를 받을 수 있습니다. 감정에 지나치게 몰입하면, 이후에 자신이 한 말이나 행동에 대한 책임을 지기 어려운 상황이 발생할 수 있습니다.

이러한 상황을 피하려면 너무 과하게 몰입하고 있지 않은지 점검할 필요가 있습니다. 한번 대답하고 나면 돌이킬 수 없으므로 너무 쉽게 답하지 않도록 해야 합니다.

예를 들어 저는 강연을 하면서 많은 지식과 정보를 전달하지만, 제가 자랑스럽게 여기는 두 가지 원칙이 있습니다. 첫째는 제 전문성을 지키는 일이고, 둘째는 내 입에서 나오는 말을 지키기 위해 최선을 다한다는 것입니다. 그러다 재작년에 예민한 상태에서 실수를 한 경험이 있습니다. 강연 요청이 물밀듯이 밀려와 바쁘게 일하던 때였고, 슬럼프에 빠진 저는 예민한 상태로 일했습니다. 그때 한 팀원이 행사 준비를 맡겠다고 했을 때, 깊게 생각하지 않고 "알겠어."라고 대답했지만, 그 판단이 잘못되었음을 나중에서야 깨달았습니다. 담당을 자처한 직원은 경험이 부족했던 탓에 행사 준비 과정에서 미흡한 모습을 보였고, 당시 저도 진행 현황을 꼼꼼히 검토하지 못했습니다. 결과적으로 행사는 아슬아슬하게 진행되었고, 재정적 손실과 정신적 스트레스를 초래하게 되었습니다. 이 경험을 통해 예민한 상태에서 내리는 의사 결정이 얼마나 위험한지 깨달았습니다.

일식 대화법은 이러한 예민한 상태에서 발생할 수 있는 오류를 바로잡을 수 있는 날카로운 대화법입니다. 감정을 잘 다루고, 상대방과 신중하게 소통하는 방법을 제공합니다.

예민함은 우리가 자신을 보호하려는 불안과 공포의 한 부분일 수 있습니다. 이 감정은 불가피하지만, 우리는 이를 관리할 수 있습니다. 자기 인식을 통해 예민한 상태의 원인을 파악하고, 이를 대화의 기회로 삼아야 합니다.

마지막으로, 예민함을 벗어나기 위해 가장 중요한 것은 '자신에 대한 이해'입니다. 우리는 인간이기 때문에 필연적으로 약한 순간을 겪습니다. 이를 인지하고 조절할 수 있을 때, 건강한 대화를 할 수 있습니다.

이런 과정을 통해 우리는 대화의 질을 향상시키고, 서로에 대해 깊이 이해할 수 있습니다. 일식 대화법은 단순한 말하기 기술을 넘어서, 마음의 중심을 잃지 않고 주변과의 관계를 잘 유지할 수 있도록 돕는 중요한 지침이 됩니다.

66

긴장될 때,
양식 대화법

99

    사람이 긴장하는 것은 매우 자연스러운 현상입니다. 우리의 몸에는 자율 신경계가 존재하며, 이는 교감 신경과 부교감 신경으로 나뉩니다. 이 두 신경의 균형이 무너지면 땀이 나고, 맥박이 빨라지며 어깨나 목에 긴장이 생깁니다. 교감 신경은 몸이 활발히 활동할 때 작용하고, 부교감 신경은 휴식이나 편안한 상태에서 활성화됩니다. 결국 긴장 상태는 신체의 작은 고장으로 볼 수 있습니다.

    우리는 익숙하지 않은 상황에서 긴장감이 커진다는 사실을 잘 알고 있습니다. 이런 점에서 인간은 매우 단순한 존재입니다. 새로운 행동을 하기 전에 미리 생각해 본 경험이 있으신가요? 무의식적으로라도 어떤 생각이 지나간 후에 행동으로 옮기게 됩니다. 이는 누구나 간단히 이해할 수 있는 사실입니다.

"생각이 바뀌면 습관이 바뀌고, 습관이 바뀌면 인생이 바뀐다." 라는 말처럼 사람은 자신의 생각에 따라 변할 수 있습니다. 저는 여러분에게 긴장하지 않는 방법을 직접적으로 제공할 수는 없지만, 긴장 속에서 효과적으로 사용할 수 있는 대화법을 알려드리고자 합니다. 그것이 바로 '양식 대화법'입니다.

양식 요리가 다른 요리와 다른 점은 시각적인 요소에 많은 신경을 쓴다는 것입니다. 외관에 신경을 써서 음식의 양과 질을 떠나 사람의 눈을 즐겁게 합니다. 대화에서도 마찬가지로, 상대방이 받을 수 있는 정보를 청각뿐 아니라 시각적으로도 신경 써야 합니다. 즉, 대화의 내용뿐만 아니라 그 내용을 전달하는 방식, 즉 비언어적 요소 또한 중요한 역할을 하게 됩니다.

대화에서 비언어적 표현을 적극 활용하는 것도 양식 대화법의 핵심입니다. 긴장한 상태에서 말할 때, "내가 방금 무슨 말을 했지?"라는 느낌이 들 수 있습니다. 이는 매우 자연스러운 감정입니다. 저 또한 긴장한 상태에서 말을 하다 보면 자신의 말이 기억나지 않는 경우가 종종 있습니다.

이러한 긴장의 느낌을 피할 수 있다면 좋겠지만, 피할 수 없는 상황에서는 대책을 마련하는 것이 더 중요합니다. 긴장할 때는 자신의 말을 잊기 쉬우니, 이를 대비해 누군가에게 도움을 받거나 녹음할 장비를 준비하는 것이 좋습니다. 이런 준비는 학생들이 시험을 본 뒤 오답 노트를 준비하는 것과 비슷합니다. 결국 다음을 준비하기 위한 과정이기 때문입니다.

긴장 속에서 말하는 일은 누구에게나 발생할 수 있으며, 그 빈도를 예측하기는 어렵습니다. 따라서 긴장감 속에서도 상대방이 이를 알아차리지 못하도록 해야 합니다. 긴장한 사람이 있으면 그를 보는 사람도 불안감을 느끼게 되며, 이는 대화의 내용에도 부정적인 영향을 미칠 수 있습니다.

이제 양식 대화법 중 긴장을 감추는 두 가지 방법을 소개합니다. 첫 번째는 '발과 팔을 반대로 하기'입니다. 긴장한 상태에서 말을 할 때 발은 고정한 채 팔을 적절하게 움직이는 것입니다. 이 방법은 생각보다 간단하지만 매우 효과적입니다. 발이 고정되면 외관상 더 긴장한 상태로 보일 수 있지만, 짧은 시간 동안 발을 안정적으로 유지하는 것이 긴장감을 감추는 데 더 효과적입니다. 마치 프로필 촬영을 할 때, 어색한 자세를 취할수록 좋은 결과가 나온다는 사실과 같습니다.

두 번째 방법은 '긍정적인 표현 사용하기'입니다. 긴장이라는 감정은 본질적으로 부정적인 측면을 가집니다. 이를 극복하려면 긍정적인 요소를 강조하여 긴장을 희석하는 것이 중요합니다. 예를 들어, "가능합니다.", "좋습니다.", "할 수 있습니다."와 같은 긍정적인 표현을 자주 사용하는 것이 필요합니다. 그러나 "~할 것 같습니다."라는 애매한 표현은 피하는 것이 좋습니다. 상대방은 그런 표현을 책임 회피로 받아들일 수 있으며, 이는 불신을 불러일으킬 줄 수 있습니다.

하지만 긍정적인 표현을 사용한다고 해서 무턱대고 책임지지 못할 말을 해서는 안 됩니다. "자신감은 위대한 과업의 첫째 요건이다."라는 새뮤얼 존슨Samuel Robert Johnson의 말처럼, 진정한 자신감은 결코 자만심이 아니라, 도전적인 과제를 수행하는 데 필요한 중요한 요소입니다. 이는 긴장한 감정을 더 밝고 긍정적인 느낌으로 바꾸는 데 필수적인 요소입니다.

따라서 '발과 팔을 반대로 하기'와 '긍정적인 표현 사용하기'는 모두 중요하지만, 궁극적으로 가장 핵심이 되는 것은 '자신을 믿는 것'입니다. 내가 할 수 있다는 믿음을 갖지 않으면, 다른 누구도 그 믿음을 대신해 줄 수 없습니다. 현재의 긴장 상태에 집중하기보다는 '일이 잘 풀릴 거야.'라는 메시지를 스스로에게 반복하며 긍정적인 에너지를 만드는 일이 중요합니다.

　결론적으로 사람의 긴장은 자연스러운 현상이며 이를 극복하기 위한 방법은 여러 가지가 있습니다. 그렇지만 근본적으로 자신을 믿고 긍정적인 마인드를 유지하는 것이 가장 중요하다는 점을 명심해야 합니다. 이러한 원칙들을 바탕으로 '양식 대화법'을 실천하면, 긴장한 순간 속에서도 더 능동적이고 효과적인 의사소통이 가능해질 것입니다.

　긴장을 느끼는 순간은 누구에게나 자주 찾아옵니다. 그럴 때마다 위에서 제시한 방법들을 활용하여 상황을 극복하고 한 단계 나아가는 경험을 쌓아보세요. 그러면 당신의 대화 능력이 더욱 향상되고, 에너지 넘치는 커뮤니케이션을 통해 긍정적인 변화를 만들어 낼 수 있을 것입니다.

기분이 좋을 때,
베이커리 대화법

옛날에는 빵을 저렴한 가격에 허기를 달래기 위해 먹기 시작했다고 합니다. 저는 그 시대를 직접 경험하지 못했지만, 대학교에서 제과 제빵을 배우며 교수님께 많은 이야기를 들어서 그 맥락을 이해하고 있습니다.

하지만 오늘날 우리가 소비하는 빵과 과자의 가격은 예전과 비교해 크게 상승했습니다. 이제는 허기를 채우는 목적보다는 식사 후 디저트로 즐기거나 기분 전환을 위한 간식으로 소비되는 경우가 많습니다.

여기에서는 일상에서 긍정적인 순간을 이어가는 방법으로 '베이커리 대화법'을 소개하고자 합니다. 이 대화법은 긍정적인 감정을 지속하게 해 주고, 이를 통해 반복적으로 긍정적인 결과를 만들어 갈 수 있도록 돕습니다.

기분 좋은 일이 반복되는 것을 싫어하는 사람은 없을 것입니다. 그러나 대다수 사람은 자기 삶이 원하는 방향으로 흘러가지 않는 경우가 많아서 "아직도 세상을 너무 모르겠어." 라며 비관적인 태도를 보이기도 합니다. 이에 대해 저는 이렇게 대답합니다. "만약 인생에도 흐름과 패턴이 있다고 생각하면 어떨까요?" 많은 사람이 긍정적인 흐름으로 변환하기 위해 노력할 것입니다. 저는 자신을 믿으면 원하는 바를 생각한 대로 실현할 수 있다고 생각합니다. 삶에는 흐름과 패턴이 있고, 우리는 좋은 방향으로 나아가기 위해 노력할 수 있습니다.

부정적인 감정과 긍정적인 감정의 차이는 행동에서 드러납니다. 우리는 현재 좋은 컨디션으로 하루를 살아가고 있으니 기존의 부정적인 표현을 긍정적인 언어로 바꿀 수 있는 큰 변화를 경험할 수 있습니다.

예를 들어 직장에서 상사가 "너 정말 느긋하게 일하는구나."라고 말한다면, 대부분 일하는 속도가 느리다는 핀잔을 들었다고 생각하기 쉽습니다. 하지만 베이커리 대화법으로 생각한다면 당신은 이를 일을 꼼꼼하게 한다는 칭찬으로 해석할 수 있습니다. 그 순간 당신은 엄청난 지혜를 얻은 것입니다. 앞으로 누군가 부정적인 말을 한다면, 그것을 긍정적인 사고로 전환해 보세요. 저절로 미소가 지어질 것입니다.

이러한 방법은 상대에게 지거나 밀리는 것이 아닙니다. 오히려 상대의 말에 휘둘리지 않고, 자신의 감정을 조절해 내면의 성숙함으로 승리하는 것입니다. 또 다른 예로 친구가 "야 너는 진짜 계획도 없으면서 무모하네."라고 말한다면, 당신은 이를 "야 너는 정말 직감력과 행동력이 뛰어나네."라고 해석할 수 있습니다.

이런 시각의 변화는 마음의 평화를 유지하는 데 큰 도움이 될 것입니다. 우리가 일상에서 듣는 말들을 긍정적으로 해석하면, 좋은 컨디션을 장기간 유지할 수 있습니다.

사람들은 좋은 일들이 자신에게 찾아온다고 생각하지만, 사실 좋은 일들은 사람들이 선택하고 만들어가는 것입니다. 당신이 '성장'이라는 긍정적인 키워드를 가지고 바라는 것이 있다면, 이미 성장한 사람에게 다가가려 할 것이고, 부정적인 사람 곁에는 있으려 하지 않을 것입니다. 이것이 바로 원리입니다.

달라이 라마Dalai Lama는 이런 말을 했죠. "행복은 이미 만들어진 것이 아닙니다. 자신의 행동에서 나옵니다."

우리는 일상에서 수많은 선택을 합니다. 아침에 일어나서부터 무엇을 할지, 어떤 교통수단을 이용해 출근할지 말입니다. 결국 과거의 작은 선택들이 모여 현재의 당신을 만든 것입니다. 지금까지 소개한 대화법을 적재적소에 선택해서 구사하게 된다면 당신의 삶을 긍정적으로 변화시킬 수 있을 것입니다.

일상에서 제가 '베이커리 대화법'과 함께 적용하는 또 다른 법칙이 있습니다. 바로 '2×1 법칙'입니다. 사람들은 아침에 눈떴을 때나 시간이 흐르면서 오늘 컨디션이 좋고 기분이 좋다는 느낌을 받는 경우가 많습니다. 이럴 때 당신도 이 법칙을 적용해 보세요.

먼저 컨디션이 좋은 상태에서 성공할 확률이 높은 두 가지 일을 우선적으로 합니다. 그런 다음 평소에는 어려울 것 같은 한 가지 도전적인 일을 시도하는 방식입니다. 실제로 저는 이 방법을 통해 큰 효과를 얻었습니다.

예를 들어 아침에 일어나 몸이 가볍고 기분이 좋을 때, 제 첫 번째 목표는 '명상 영상을 틀고 10분 동안 스트레칭 하기'입니다. 두 번째 목표는 '찬물로 샤워하기'입니다. 이런 두 가지 목표는 간단하면서도 기분을 좋게 만들어 줍니다. 그 후, 최근 고민해 온 문제를 해결하기 위해 도전적인 일을 시도합니다.

물론 두 가지 쉬운 목표를 달성한 후에 한 가지 어려운 일을 한다고 해서 반드시 성공하는 것은 아닙니다. 그러나 확실히 평소보다 적극적으로 임할 가능성이 높아집니다. 그리고 이러한 긍정적 사고는 스스로의 성과를 높이는 데 기여할 것입니다.

베이커리 대화법과 2×1 법칙의 조합은 긍정적인 상황을 지속적으로 확장하는 강력한 도구가 될 것입니다. 기분이 좋은 상태에서 작은 성취감을 얻고, 그 성취감으로 더 큰 도전에 나서겠다는 의지를 갖는 것은 매우 중요한 과정입니다. 그렇게 하루를 보낸 뒤 당신은 삶에 긍정적인 변화가 일어날 것임을 믿게 될 것입니다.

마지막으로 자신을 격려하고 긍정적인 환경을 조성하는 것은 결정적으로 중요합니다. 당신이 주위를 긍정적으로 감싸고, 긍정적인 대화법을 통해 더 나은 삶의 흐름을 만드는 데 기여할 것입니다. 이를 통해 우리는 주변과 소통하면서 더 행복한 삶을 영위할 수 있습니다.

66

불확실함을 느낄 때, 퓨전 대화법

99

    해외여행은 자주 대화의 주제가 됩니다. 대부분 서로 다른 나라를 여행하며 다양한 문화적 경험을 쌓고, 그 과정에서 많은 추억을 만들기 때문입니다. 그러나 개인적으로 저는 해외여행에 대한 큰 열망이 없었습니다. 그래서 지인들이 한 번 가 보면 매력을 알게 될 거라며 여행지를 추천할 때마다 그들의 말을 가볍게 넘기곤 했습니다.

    그렇다면 왜 많은 사람이 해외여행에 매료되는 것일까요? 그 이유는 분명합니다. 바로 해외에는 우리나라와 다른 점이 있기 때문입니다. 일본, 중국, 미국은 서로 다른 기후와 문화를 가진 나라로 이러한 차이는 대화의 방식에서도 뚜렷하게 드러납니다. 이번 글에서는 이러한 문화적 차이와 그에 따른 '퓨전 대화법'을 소개하고자 합니다.

퓨전 대화법은 한국식 소통 방식과 미국식 소통 방식을 혼합하여, 상대방의 감정과 의견을 존중하면서도 보다 직설적이고 효과적인 대화 방식을 제안하는 기법입니다. 이는 어떤 특정한 문화가 다른 문화보다 우월한 대화 방식을 지닌다고 판단할 수 없는 요소입니다. 따라서 각기 다른 대화 방식의 장점을 잘 살리는 것이 중요하며, 이는 매우 아름다운 접근이 될 수 있습니다.

예를 들어 조별 과제를 진행하는 대학생들이 있다고 가정해 봅시다. 조장인 A 씨가 제시한 방법이 팀원들과의 방향성에서 큰 차이를 보일 때, 당신은 어떻게 의견을 전달하시겠습니까? 한국에서는 "조장이 제안한 방법이 생각보다 사용하기 어려운 것 같은데, 잘 끝낼 수 있을지 걱정이에요."라고 표현할 수 있습니다. 이는 상대방에 대한 배려와 조심스러운 어조가 잘 드러나는 예입니다.

반면 미국식 표현은 "I think we should try a different

approach because the current one isn't working."으로, 직역하면 "현재 방법이 잘 작동하지 않기 때문에 다른 접근법을 시도해야 한다고 생각해요."입니다. 이처럼 보다 직설적으로 문제를 지적할 수 있습니다. 각 문화에서 나타나는 대화 방식은 매우 다양하지만, 이들 각각은 장단점이 있으므로 이를 적절히 결합하는 것이 '퓨전 대화법'의 핵심입니다.

제가 '스타트업 창업 경진대회'에 참가했을 때 팀원들과 프로젝트를 개발하던 중 발생한 의견 충돌 상황을 예로 들어 보겠습니다. 당시 제가 했던 말은 이렇습니다. "각자의 의견이 소중하다는 걸 알고 있지만, 지금 제안된 아이디어에 대해 좀 더 다양한 관점에서 논의해 보는 것이 좋지 않을까요? 여러 관점을 모은다면 더 나은 결과가 나올 것 같아요." 이 문장은 한국식 배려심과 미국식 직설화법이 잘 어우러진 예시입니다.

이 모든 과정에서 가장 중요한 것은 상대방을 존중하는 태도를 잃지 않는 것입니다. '내가 너보다 전문가야, 내 말이 모두 맞아.'라는 식의 마음가짐으로 대화한다면 시작부터 문제가 될 수 있습니다. 반면 대화의 순간마다 자연스럽고 비공식적인 분위기를 유지하는 점은 각 문화의 대화법에서 배워야 할 중요한 교훈입니다.

퓨전 대화법에 있어서 상대방의 감정을 고려하지 않는 무례한 의견 제시는 대화 자체를 무너뜨릴 수 있기 때문에, 이를 피하고 상호 존중을 기반으로 해야 합니다. 두 대화 방식을 조화롭게 결합하여 사용하는 것이 핵심입니다.

확신을 준다는 일은 결코 쉽지 않습니다. 사람은 불확실성을 피할 수 없으며 이는 인간관계에서도 마찬가지입니다. 그러나 불확실성을 잘 관리하고, 의견을 제안하는 '퓨전 대화법'은 당신의 대화 능력을 향상시키는 데 큰 도움이 될 것입니다.

제안하기가 비판보다 더 중요합니다. 주어진 상황에서 비판적인 시각을 가지고 "이 방법은 잘못됐어요."라고 말하기보다는 "이런 방법도 함께 고려해 보면 어떨까요?"라는 식으로 접근하는 것이 훨씬 현명합니다. 비판 대신 건설적인 제안을 통해 대화의 질을 높이고 긍정적인 분위기를 조성할 수 있습니다.

퓨전 대화법을 통해 다채로운 대화 경험을 쌓으려면 용기가 필요합니다. 처음에는 쉽지 않겠지만, 이는 존중과 배려의 시작이자 자신에게 솔직해지는 과정이 될 것입니다. 자신이 말하는 것에 확신을 갖고 상대의 의견에도 열린 자세로 받아들이는 것이 중요합니다.

이제 위에서 설명한 대화법을 실제로 어떻게 적용할 수 있을지 구체적인 예시를 통해 살펴보겠습니다. 일상적인 대화나 팀 프로젝트 내에서 의견을 교환할 때, 상대방의 아이디어에 대한 피드백을 제안하는 방식으로 퓨전 대화법을 사용할 수 있습니다.

예를 들어 동료가 제안한 아이디어에 대해 단순히 "그건 안 될 것 같아요."라고 말하기보다는 "그 아이디어는 흥미로운 것 같아요. 그런데 다른 의견도 들어 보는 건 어떨까요?"라고 의견을 제시하는 것입니다. 이는 상대방에게 자신의 의견이 소중하다는 것을 인식시키면서도 새로운 방향성을 제시하는 효과적이고 배려 있는 방법입니다.

이러한 대화법을 지속적으로 연습하면 갈등 해결에도 큰 도움이 됩니다. 예를 들어 팀원 간에 의견 불일치가 있을 경우 "각자의 생각이 다르다는 걸 이해해요. 이 문제를 해결하기 위해서 우리가 타협할 방안을 찾아보면 좋겠어요."라고 말할 수 있습니다. 이러한 접근은 대화를 부드럽고 생산적으로 만들어 주며, 감정을 상하지 않게 할 수 있습니다.

퓨전 대화법을 사용하기 시작할 때 가장 중요한 것은 실수를 두려워하지 않고, 그것을 학습의 기회로 삼는 것입니다. 대화는 일회성이지만, 매번의 대화에서 사람들은 새로운 것을 배우고 성장합니다. 다가오는 어려운 대화를 준비하며 "이번에는 어떤 방식을 사용해 볼까?"라고 자문해 보는 습관을 들여 보세요. 그렇게만 한다면 점차 대화의 기술이 향상될 것입니다.

대화는 단순히 정보를 주고받는 것을 넘어 관계를 형성하고 유지하는 데 필수적인 요소입니다. 부드러운 표현과 자신감 있는 전달 기법을 결합하여 상대방과 의미 있는 대화를 나누는 것이 가능합니다. 상대의 의견을 경청하며 자신의 의견을 조화롭게 전달함으로써 서로가 더 깊이 이해하는 관계로 발전할 수 있습니다.

퓨전 대화법은 상대방의 감정을 존중하고 그들의 의견을 존중하면서 자신도 솔직하게 의견을 밝혀 관계를 더욱 돈독히 만드는 데 큰 도움이 됩니다. 여러 문화의 대화 방식에서 각각의 장점을 체득하고, 이를 조화롭게 결합할 수 있는 능력이 당신의 대화 능력을 더욱 강화시킬 것입니다. 이를 통해 불확실성과 갈등을 좀 더 수월하게 해결할 수 있는 기반을 마련할 수 있습니다.

앞으로도 이러한 대화법을 일상생활에서 자연스럽게 활용하시길 바랍니다. 사람과의 소통에서 불필요한 갈등을 줄이고, 문제를 함께 찾아내며 해결하는 기회를 만들어 보세요. 결국 당신의 대화법이 삶과 인간관계의 질을 향상시키고, 갈등을 줄이며, 긍정적인 상호 작용을 증진시킬 것입니다.

나만의 대화 레시피 만들기

인간의 뇌는 새로운 정보가 들어온 10분 뒤부터 기억이 차츰 사라지게 됩니다. 연구에 따르면, 한 시간이 지나면 50% 이상의 정보가 사라지며, 한 달이 지나면 약 80%를 기억하지 못하게 됩니다. 특히 처음에 정보가 제대로 입력되지 않으면 더 빠르게 잊혀질 수 있습니다. 이런 이유로 우리는 '반복'을 통한 학습이 필요합니다. 현대 과학에 따르면, 하루에 10분 정도의 반복 학습을 통해 한 달을 버티면 6개월 동안 기억력을 유지할 수 있다고 합니다.

이렇듯, 대화를 잘 하기 위해서도 일정한 방식으로 효과적인 커뮤니케이션을 구축하는 것이 중요합니다. 대화에는 수학과 같은 명확한 정답이 존재하지 않기 때문에, 감정에 따라 다양한 대화 패턴을 개발하고 자신만의 방식으로 발전시켜 가는 것이 필요합니다. 아래에서 소개하는 다섯 가지 감정(공허, 분노, 예민, 긴장, 기쁨)을 기준으로 한 감정 점검 방법을 통해, 각자 자신만의 대화법을 더욱 발전시킬 수 있을 것입니다.

첫 번째, 공허함

어떤 일을 마친 뒤 느끼는 공허함은 흔한 감정입니다. 중요한 일에 에너지를 쏟았다면 일을 마친 뒤에는 아무 것도 하고 싶지 않은 기분이 들 수 있습니다. 이런 경우 친구를 만나 함께 대화를 나누는 것이 좋습니다. 소통을 통해 공허함을 덜어 내고 생산적인 시간을 보낼 수 있습니다. 공허함을 느낄 때는 다른 사람과 소통하며 감정을 해소할 수 있다는 점을 기억하세요.

두 번째, 분노

분노는 타인뿐만 아니라 자신에게도 발생할 수 있습니다. 목표를 달성하지 못했거나 원하는 결과를 얻지 못했을 때도 분노가 생길 수 있습니다. 이럴 때는 자신에게 "괜찮아. 다음에는 더 잘할 수 있을 거야."라고 긍정적인 말을 건네 보십시오. 이는 현실 부정이 아니라 자신의 감정을 다스리는 일입니다.

세 번째, 예민함

가벼운 제안에도 불쾌감을 느끼는 예민함은 누구에게나 있을 수 있습니다. 예를 들어 친구가 함께 햄버거를 먹자고 제안했을 때 먹고 싶지 않다면 "난 햄버거 싫어."라고 부정적으로 반응하기보다는 "제안 고마워. 그런데 나는 한식을 더 좋아해."라고 긍정적으로 대처하는 것이 좋습니다. 그러면서 자기감정도 살펴봐야 합니다. 내면에 느껴지는 불쾌함을 인지하고 그 사실을 적어 보는 일도 도움이 됩니다. 긍정적인 시각을 가진다면 뾰족한 마음도 둥글어지기 마련입니다.

네 번째, 긴장

중요한 발표나 행사에서 느껴지는 긴장감은 매우 자연스러운 감정입니다. 이러한 긴장을 다스릴 때 자기 최면을 활용하면 효과적입니다. "나는 잘할 수 있어." 혹은 "어차피 잘될 거야."와 같은 긍정적인 말을 반복해 보십시오. 자신에게 긍정적인 메시지를 주입하면 긴장은 덜고 자신감은 높일 수 있습니다. 이 과정은 자존감을 높이는 데도 효과가 있습니다.

다섯 번째, 기쁨

기쁜 일이 생기면 그 감정을 오래 유지하려고 노력하십시오. 기쁨을 지속하는 일이 과도한 스트레스로부터 벗어나는 데 도움이 됩니다. 소소한 일에도 기쁨을 즐기고 감사하는 습관을 들이면 기쁜 감정을 오래 유지할 수 있습니다.

공허함을 느낄 때는 친구와 보내는 편안한 시간으로 텅 빈 마음을 채워 보세요. 분노가 인다면 그 감정을 인정하고 긍정적으로 전환하여 다음 행동으로 이어지도록 하세요. 예민함을 느낄 때는 자신을 객관적으로 바라보며 감정을 점검하고 긍정적인 시각으로 바라보는 연습을 해 보세요. 긴장감이 든다면 자기 최면으로 안정감을 찾고, 기쁨을 느낄 때는 그 순간을 소중히 여겨 긍정적인 감정을 지속시킬 수 있습니다.

감정은 소통의 질을 결정하는 중요한 요소입니다. 자기 감정을 잘 점검하고 관리하면 소통의 질을 높일 수 있고, 이는 마음 건강에도 긍정적인 영향을 미칩니다.

이제 일상에서 감정 점검을 실천해 더 원활한 소통을 이루고 좋은 인간관계를 유지할 수 있기를 바랍니다. 반복적인 연습과 점검으로 당신만의 대화법을 만들어 나가세요.

PART
6

지속적인
성장과 피드백

성공적인 발표 전략

앞서 언급했듯이 '피칭 Pitching'은 아이디어나 비즈니스 계획을 발표하는 일을 말합니다. 'IR 발표'는 피칭 중에서도 투자자들에게 아이템을 소개하는 발표입니다. 여기에서는 일상적인 말하기부터 강연이나 대회와 같이 난이도가 높은 발표의 '성공 전략'에 대해 알아보려고 합니다.

많은 사람이 발표를 할 일이 없다거나 사업이나 투자에 관심이 없어서 이 내용을 가볍게 넘길 수 있지만, 앞서 설명한 바와 같이 모든 말하기 상황은 서로 연결되어 있으니 한번쯤 살펴보시길 바랍니다.

저는 부산창업경진대회, 전국 소셜벤처경연대회와 같은 다양한 창업 및 스타트업 관련 대회에 최대한 많이 참가하여 좋은 성과를 얻었습니다. 발표에 자신감이 넘쳤던 터라 서류 평가 1차만 통과해도 팀원들과 긍정적인 결과를 예측하며 기뻐했고, 이는 발표 결과뿐 아니라 팀워크를 다지는 기회가 되기도 했습니다.

이제 발표를 준비할 때 참고할 만한 전략 세 가지를 소개하겠습니다. 이 전략들은 경험에 기반한 접근 방식입니다.

첫 번째 전략은 '미소를 지어라'입니다. 발표할 때 긴장하게 되면 표정 관리가 어려워지곤 합니다. 표정은 청중에게 좋은 인상을 주고 메시지를 효과적으로 전달하는 데 중요한 역할을 합니다.

또한 미소를 띨 적절한 시점도 중요합니다. 예를 들어 "어제 저녁에 배가 너무 고파서 라면을 끓여 먹었어요."라고 말할 때 '배가 고파서'라는 부분에서 미소를 지으며 기대감을 증대하는 효과를 낼 수 있습니다. 비언어적 요소인 표정으로 발표에 생동감을 주고, 청중의 집중력을 높일 수 있습니다.

두 번째 전략은 '속도 늦추기'입니다. 사람은 긴장하면 말을 빠르게 하는 경향이 있습니다. 그래서 긴장이 될 때는 의식해서라도 속도를 조절해야 합니다. 속도를 늦추고 말과 말 사이에 텀을 주면 긴장감도 해소되고 분위기도 편안해집니다.

예문을 살펴보겠습니다. "어제 친구에게 ∨ 생일 선물을 받았습니다. 선물을 열어 보니 그것은 다름 아닌 ∨ 볼펜이었는데요." 이 문장에서 '∨' 부분에서 잠깐의 텀을 두면 청중으로부터 궁금증을 자아낼 수 있습니다. 또한 말의 속도를 늦추어 집중도를 높이고 긴장된 분위기를 편안하게 만듭니다.

세 번째 전략은 '체크 포인트 활용하기'입니다. 발표 전에 체크 포인트를 설정해 두면 매우 유용합니다. 이는 발표 중간중간 주요 메시지를 확인하고 점검하는 과정입니다. 이는 마치 레이싱 게임에서 체크 포인트를 확인하는 것처럼 발표자가 전하려는 메시지를 체계적으로 정리하고 효과적으로 전달하는 데 도움이 됩니다.

저는 발표할 때 메시지를 명확하게 전달하기 위해 스크립트에 체크 포인트를 설정합니다. 예를 들어 발표 준비 중에 "이 문제의 본질은 무엇인가?" 또는 "여기서 알아야 할 중요한 사실은 무엇인가?"와 같은 체크 포인트를 설정한 뒤 각 포인트에 도달할 때마다 잠시 멈추어 청중이 각 메시지를 충분히 이해하고 소화할 시간을 줍니다. 이렇게 하면 발표자는 청중에게 혼란을 주지 않고 정보를 명확하게 전달할 수 있습니다.

미소, 속도 조절, 체크 포인트 활용. 이 세 가지 전략 또한 연습과 경험으로 더욱 발전할 수 있습니다. 당신도 이 전략을 통해 발표 실력을 높이고 다양한 상황에서 능숙하게 소통할 수 있기를 바랍니다.

66

강연에
신뢰 더하기

99

한국에서 새로운 사업을 시작하려는 사람들은 종종 한 가지 중요한 요소를 간과하곤 합니다. 바로 정부에서 제공하는 지원금입니다. 특히 자본금이 부족한 사람들에게 지원금은 사업 아이디어를 실현하는 소중한 기회가 됩니다. 이미 자본이 마련된 사람들에게는 지원금을 받기 위한 노력이 그리 필요하지 않을 수 있지만, 많은 이들에게 지원금은 사업의 시작과 지속 가능한 성장의 기초가 됩니다.

지원금을 받으려면 심사 위원 앞에서 자신의 아이디어를 발표하는 과정이 필요합니다. 이 과정은 강연과 매우 유사합니다. 제가 '프리랜서 강사'와 '대표 이사'라는 직함을 가지고 활동하며 느낀 점은 발표도 강연도 듣는 사람의 '니즈'를 충족시켜야 한다는 점입니다. 듣는 사람은 자신이 듣는 정보가 왜 중요한지, 또 그 정보를 신뢰할 만한 근거가 무엇인지를 알아야 합니다.

만약 당신이 사과를 판매하고 있다고 가정해 봅시. 보통은 "사과가 정말 맛있습니다. 사과 좀 드셔 보시겠어요?"라고 단순히 접근할 수 있습니다. 하지만 저라면 "요즘 금사과라고 할 만큼 사과가 정말 귀합니다. 제가 직접 공수해 온 사과인데 정말 맛있습니다. 만약 맛이 없으면 바로 환불해 드릴게요. 한번 드셔 보세요."라고 말할 것입니다. 여기서 저는 사과의 맛이라는 정보 이상의 신뢰를 전달하려는 것입니다.

여러 발표와 강연을 거치면서 사람은 신뢰할 만한 근거를 많이 제시하는 사람에게 끌린다는 것을 배웠습니다. 증거와 경험이 포함된 말에는 신뢰가 생깁니다.

사업 아이디어를 발표하는 자리에서 신뢰가 가는 인상을 받았다는 피드백을 받은 적이 있습니다. 그때 다시 한 번 신뢰의 중요성을 느끼게 되었습니다. 창업사관학교에 최종 합격했을 때 심사

위원은 저의 업사이클링 반려동물 장난감 아이디어가 단순한 제조에 그치지 않았다고 강조하며 저를 선택한 이유로 제 태도와 발표력을 언급하셨습니다. 이는 제 연구 내용 이상으로 준비성과 발표 기술이 중요한 역할을 했다는 뜻이었습니다.

강연자로서 신뢰를 얻기 위한 구체적인 방법으로는 무엇이 있을까요? 첫 번째는 앞서 언급한 바와 같이 청중이 왜 강연을 들어야 하는지 명확히 전달하는 것입니다. 이는 지식만을 전달하는 것이 아니라 이 강연이 듣는 이로 하여금 어떤 도움이 될지를 감각적으로 느끼도록 하는 일입니다. 예를 들어 가벼운 비유를 사용하면 청중에게 좀 더 가까이 다가갈 수 있습니다. "물을 마시려고 컵을 꺼내는데 컵을 거꾸로 놓고 물을 따르면 한 모금도 마실 수 없는 것처럼, 여러분이 이 강연을 듣고자 하는 마음가짐이 없다면 아무것도 얻어 갈 수 없을 것입니다." 저는 한 강연에서 이런 비유를 사용한 적이 있습니다. 비유는 청중이 이야기의 주제를 쉽게 파악할 수 있도록 돕는 역할을 합니다.

두 번째는 강연자의 자기소개입니다. 강연 시작 시 간단하게 자기소개를 하면 청중은 강연자와의 거리감을 줄일 수 있습니다. 특히 자신의 경험을 말하면서 관련된 일화나 성공 사례를 얘기하면 청중의 관심을 끌 수 있습니다.

세 번째는 '두괄식'으로 내용을 전달하는 것입니다. 두괄식 문장은 내용을 쉽게 파악하고 기억하는 데 도움이 됩니다. 질문을 던진 뒤 그에 대한 답변을 서두에 배치하면 강연의 흐름을 분명히 하고 청중이 주제를 바로 인식할 수 있게 합니다. 예를 들어 "제 지원 동기는……"과 같이 질문에 대한 답변을 직접 언급하면 청중은 강연의 핵심 내용을 빠르게 이해할 수 있습니다.

반대 개념인 미괄식은 핵심 내용을 마지막에 제시하는 것이기 때문에 청중이 끝까지 몰입해야 하며 강연자가 스토리텔링 기법을 잘 활용할 때에야 효과적입니다. 그러나 일반 청중은 강연 첫 부분에서 필요한 정보를 얻고, 그 정보가 어떻게 발전할지를 알고 싶어하기 때문에 두괄식으로 발표하는 것이 효율적입니다.

강연 중 청중의 특성을 사전에 파악하는 일도 중요합니다. 청중이 어떤 배경을 가지고 있으며 강연 주제에 어느 정도 관심이 있는지 알 수 있다면 그에 맞춰 강연의 톤이나 내용을 조절할 수 있습니다. 이 과정에서 청중의 반응을 주의 깊게 살피고 필요할 때는 즉각적으로 피드백을 반영하면 좋습니다. 그들이 적극적으로 참여하도록 유도한다면 강연은 성공할 확률이 높아집니다.

강연 내용과 흐름 외에도 비언어적 요소인 몸짓, 표정, 목소리 톤 등도 매우 중요합니다.

강연자의 자신감 있는 태도와 비언어적 표현도 청중의 반응에 큰 영향을 미칩니다. 따라서 몸짓이나 표정, 눈빛으로 청중과의 연결을 만드는 노력이 필요합니다.

그렇다면 이러한 전략은 어떻게 일상에 적용할까요? 일상생활 혹은 특별한 모임이나 다양한 사람과 소통할 때, 이러한 원리를 활용해 상대방에게 신뢰를 주는 연습을 할 수 있습니다. 친구나 동료와의 대화에서 자신의 주장을 두괄식으로 전달하고 그 뒤에 근거로 뒷받침하는 연습을 해 보세요. 중요한 발표나 미팅에서도 큰 도움이 될 것입니다.

강연자의 역할은 정보 전달뿐만 아니라 듣는 사람으로 하여금 그 정보에 관한 가치를 느끼게 하는 일입니다. 앞서 설명한 방법으로 신뢰를 쌓고, 청중의 참여를 유도하면서 효과적으로 메시지를 전달한다면 당신은 더욱 신뢰받는 강연자가 될 것입니다.

66
청중을 사로잡는
강렬한 오프닝

99

사람들은 자신이 선호하는 브랜드에서 신제품이 출시되면 거부감 없이 구매 예약을 합니다. 그 이유는 무엇일까요? 보통 물건을 살 때 그 제품이 괜찮은지 상품평이나 스펙을 살펴보는데 때로는 그런 의심 없이 브랜드에 대한 신뢰로 구매를 결정하기도 합니다. 이는 그 브랜드의 호감도와 신뢰도가 높기 때문입니다. 이를 '브랜드 이미지'라고 할 수 있습니다. 이런 신뢰는 사람은 물론 동물에게도 마찬가지로 적용됩니다.

예를 들어 반려견을 가까이해 본 경험이 없는 사람은 대형견을 볼 때 두려움을 느낄 수 있습니다. 혹시 물거나 달려들지도 모른다고 생각해 본능적으로 회피 반응이 일어나기 때문입니다. 이러한 반응은 사고에서 이미지와 첫인상의 중요성을 보여 주는 예입니다.

이미지 형성에 가장 중요한 요소는 바로 '첫인상'입니다. 무언가를 처음 접할 때 그 이미지는 이후 어떤 연상 작용을 일으킵니다. 이를 '후광 효과'라고 하는데 이는 특정 사람이나 사물에 관한 인상이 그 사람이나 사물의 다른 특성에도 영향을 미치는 현상을 의미합니다. 결국 첫인상이 사람이나 사물에 대한 판단에 큰 영향을 미친다는 것이지요.

사람은 첫인상에 매우 민감하기 때문에 강연자는 강연을 시작하기 전 신중하게 고려해야 할 요소가 많습니다. 이 요소들로 좋은 첫인상을 남기고, 청중의 이목을 끌 수 있는 방법을 살펴보겠습니다. 강연자의 첫인상에서 중요한 요소는 바로 '리더십'입니다. 청중 앞에 서는 만큼 강연자는 자신이 신뢰할 만한 인물임을 확실히 전달해야 합니다.

'처음 30초'는 강연의 성공에 중요한 영향을 미칩니다. 강연 초반에 어떻게 청중을 집중하게 할지에 대한 전략이 필요합니다.

제 경험에 따르면 초등학생부터 노인까지 공통적으로 사용한 멘트가 있습니다. "자, 이제 자리에 앉아 고개를 들고 저를 봐 주시길 바랍니다." 이 말을 할 때의 핵심은 바로 목소리 크기와 올바른 자세입니다.

반복적으로 이 멘트를 하면 강연의 시작을 효과적으로 알릴 수 있습니다. 청중이 100명이라면 70명 이상이 강연자를 주목하도록 유도하는 데 목표를 삼으세요. 사람은 본능적으로 '집중'이라는 키워드에 반응하므로, 강연자는 청중에게 그들이 집중해야 한다는 점을 명확히 보여 줘야 합니다.

학생을 대상으로 강연할 때는 더 특별한 신경을 써야 합니다. 첫인사는 강연 시적 전, 강연장에 들어설 때부터 시작됩니다. "안녕! 오늘 강연 듣는 거 맞지? 오늘 강연하는 선생님이야. 잘 부탁해!" 이런 인사는 학생들에게 집중할 것을 강조하고 긍정적인 반응을 이끌어 낼 수단입니다. 학생들은 학교 방침에 따라 강연에 억지로 참여하는 경우가 많으므로 첫인상이 매우 중요합니다.

강연 초반에 간단한 아이디어를 활용하는 방법도 큰 효과를 볼 수 있습니다. 제가 활용한 방법은 '800원의 행복'이라는 간단한 게임입니다. 선물은 청중을 자연스럽게 집중하게 합니다. 특히 학생들에게 효과적입니다. 거창한 선물이 아니라 편의점에서 쉽게 구할 수 있는 사탕이나 껌을 퀴즈를 비롯한 간단한 게임의 보상으로 제공하는 방식입니다. 예를 들면 "선생님 MBTI가 무엇인지 맞추면 선물을 줄게요."라고 간단한 퀴즈를 내는 것입니다. 명확한 보상이 주어질 때, 사람들은 더 적극적으로 참여합니다. 작은 선물은 큰 비용을 들이지 않으면서도 청중의 관심을 모으고 강연 분위기를 긍정적으로 만드는 데 도움이 됩니다.

간단한 게임은 강연 초반에 좋은 인상을 심어 주는 간단한 전략입니다. 강연자는 청중의 주의를 끌고 그들의 몰입 욕구를 충족시키는 방법을 찾아야 합니다. 이는 강연자에게도 만족감을 주고 청중에게도 그 강연을 기억에 남는 경험으로 만들어 줍니다.

첫인상은 외모뿐 아니라 그 사람의 태도와 소통 방식에 따라 큰 영향을 받습니다. 강연자는 청중과 신뢰를 쌓는 데 집중해야 하며 이를 통해 자연스럽게 청중의 주목과 집중을 이끌어 낼 수 있습니다. 이런 신뢰 관계는 강연 중에도, 강연이 끝난 뒤에도 유지되어야 합니다. 강연 시작부터 끝까지 각 요소가 유기적으로 연결되어 하나의 좋은 인상을 남기는 것이 중요한 과제입니다.

이 모든 과정은 강연자에게도 긍정적인 피드백을 가져다줍니다. 청중의 반응으로 강연자는 에너지를 얻고 열정적인 강연으로 이어가는 선순환 과정이 형성됩니다.

강연자는 연단에서 강의할 때뿐만 아니라 평소에도 존중과 신뢰를 바탕으로 소통하고 관계를 구축해야 합니다. 이러한 태도가 몸에 배어 청중에게 따뜻한 인상을 남기는 강연자가 될 수 있기를 바랍니다.

시각 자료와 예시 활용하기

'백문이 불여일견百聞不如一見'은 말을 백 번 듣는 것보다 단 한 번 보는 것이 낫다는 의미의 사자성어입니다. 현대 사회에서는 이 말이 점점 더 중요해지고 있습니다. 인터넷의 발달로 정보의 양이 급증하면서, '정보의 홍수'라는 표현이 자주 사용됩니다. 이 환경 속에서 우리는 제품이나 서비스를 선택할 때, 사진이 포함된 리뷰를 먼저 확인하는 것이 자연스러운 일이 되었습니다.

대화에서도 마찬가지로 긴 시간 동안 말을 하는 것보다 시각 자료인 사진이나 영상을 활용하여 명확하게 전달하는 것이 더 효과적입니다. 예를 들어, 제가 운영하는 횟집에서 있었던 일입니다. 어느 날, 오픈 준비를 위해 채소를 손질하고 있는데, 약 70세 정도 되어 보이는 어르신이 수족관을 지켜보고 있었습니다. 궁금해서 문 밖으로 나가 질문을 던졌죠. "어르신, 혹시 찾고 계신 생선이 있으신가요?" 그러자 어르신은 잠시 생각하시더니 대답하셨습니다. "그 고기 빨간 거 회로 먹고 싶어서 왔어." 하지만 수족관에는 어르신이 찾던 참치가 없었고, 대신 도미가 있었습니다. "저희 집에 있는 붉은색 생선은 저기 도미뿐이에요."라고 수족관 안의 도미를 가리켰지만, 어르신은 물고기의 겉모습만 계속 주시하며 고개를 흔드셨습니다.

어르신은 도미를 횟감으로 사용하면 속살이 붉은색으로 나올 것이라는 사실을 믿지 못하는 듯했습니다. 그래서 저는 핸드폰에 저장해둔 도미로 썬 회 사진을 보여드렸습니다. 그제야 어르신은 미소를 지으며 말씀하셨습니다. "맞아, 이걸로 줘!" 수족관의 생선과 사진 속 생선은 같은 것이었지만, 사람들은 새로운 정보에 대해 쉽게 신뢰를 가지지 않는다는 점이 나타났습니다. 결국 비교적 직관적인 시각 자료에 더 반응하게 되는 것이죠.

이제 시각 자료를 준비할 수 없는 상황에서 어떻게 해야 할지 알아보겠습니다. 만약 시각 자료를 미리 준비하지 못했다면 두 가지를 기억해야 합니다. 첫째는 '예시 활용', 둘째는 '책임 전가하지 않기'입니다. 상대방이 머릿속에 이미지를 그릴 수 있도록 예시를 활용하는 것이 중요합니다. 그리고 "내가 어떻게 하면 좋을까?", "이대로 계속해도 괜찮을까?"와 같은 책임 전가형 질문은 피하는 것이 좋습니다. 이러한 질문들은 상대방에게 혼란을 줄 수 있고, 본인이 아닌 타인에게 책임을 떠넘기는 것은 누구에게나 불편한 일입니다.

말할 때, 자신의 말에 책임을 지고 명확하게 의견을 제시하는 것이 중요합니다. 이는 상대방이 신뢰할 수 있는 정보의 주체가 될 수 있게 도와 줍니다. 상대방이 그 정보를 신뢰하게 되면 더 나은 소통이 이루어집니다. 대부분 사람들은 선택하는 것에 대해 거부감을 느끼지만, 자신감을 가지고 자신의 말에 책임을 지는 사람에게는 자연스럽게 끌리기도 합니다. 그러므로 말할지 말지를 신중히 고민하고, 결정이 나면 명확하게 메시지를 전달하는 것이 중요합니다.

정확한 시각 자료를 활용하면 상대방의 이해도를 높일 수 있습니다. 하지만 정보의 홍수 속에서 올바른 자료를 준비하고 전달하는 데는 적절한 활용법이 필요합니다. 이 두 가지 방법은 실제로 많은 도움이 될 것입니다.

첫 번째 방법은 '나만의 시각 자료 활용하기'입니다. 예를 들어, 음식을 시켜 먹기 위해 배달 앱을 사용할 때, 한 가게는 기본 이미지를 사용하고 다른 가게는 실제로 만든 음식을 촬영한 이미지를 사용한다고 가정해 봅시다. 만약 리뷰 이미지가 없다면, 어떤 가게에서 주문하고 싶을까요? 대부분 사람들은 직접 촬영한 이미지를 사용한 가게에서 주문하고 싶어 할 것입니다. 이는 기본 이미지를 사용한 가게에 대한 신뢰가 떨어지기 때문입니다. 이처럼 시각 자료의 차별화로 인해 신뢰도에도 큰 차이가 생깁니다. 제가 대학생을 대상으로 강연을 많이 했던 이야기는 바로 제 학창 시절부터 현재까지의 경험이었습니다. 그 과정에서 과거의 사진들을 활용해 이야기를 풀어갔습니다. 청중들은 저의 개인적인 경험에 쉽게 공감했고, 수업 후에는 많은 학생들이 개별 상담을 요청하는 등 긍정적인 반응을 보였습니다. 이는 다른 사람들이 쉽게 준비할 수 없는 저만의 사진 자료를 활용했기 때문입니다. 단순한 정보 전달을 넘어, 청중들에게 더욱 기억에 남는 경험을 제공할 수 있었습니다.

두 번째 방법은 '질문으로 상대도 가담시키기'입니다. 대화의 흐름 속에서 질문을 통해 상대방의 참여를 유도하는 것이 중요합니다. 상대의 호응을 운에 맡길 것이 아니라 적극적으로 유도해야 합니다. 대화에서 어떤 질문을 던지느냐에 따라 상대방의 응답 방식이 달라지고, 이는 상대방이 얼마나 적극적으로 생각하도록 유도할 수 있는지와 깊은 연관이 있습니다.

예를 들어, 내가 준비한 시각 자료를 보여준 후, "당신의 학창 시절은 어땠나요? 지금 보시는 사진은 제가 학창 시절에 살던 집입니다. 비교적 어려운 환경에서 자랐는데, 당신이라면 만약 저 시기로 돌아간다면 가장 불만이었던 것이 무엇이었을까요?"라는 질문을 던질 수 있습니다. 이렇게 질문을 활용하면 청중들은 단순히 듣는 것에 그치지 않고, 함께 생각하고 의견을 나누게 됩니다. 이러한 상호 작용은 그들에게 더 큰 흥미를 제공하고, 시각 자료가 단순히 외부의 것이 아니라 그들의 경험과 연결되는 느낌을 주게 됩니다. 이는 청중이 마치 그 자료의 주체가 되는 듯한 기분을 느끼게 할 수 있습니다.

이와 같이 시각 자료를 활용하는 방법은 정보 공유의 효과를 극대화하는 데 도움이 됩니다. 기계적인 설명 대신 생생한 사례와 개인적 경험을 통해 청중과의 연결고리를 만들면, 그들은 더 큰 관심을 보일 것입니다. 우리가 정보의 바다 속에 살고 있는 요즘, 시각 자료는 단순한 보조 수단이 아닌 필수 요소로 자리잡고 있습니다.

마지막으로, '백문이 불여일견'의 진리가 중요한 현대 사회에서, 우리가 시각 자료를 활용할 수 있는 방법을 아는 것은 필수적입니다. 시각 자료는 단순히 보조적인 역할을 하는 것이 아니라, 우리의 메시지를 명확히 전달하고 상대방의 이해도를 높이는 데 기여합니다. '나만의 시각 자료 활용하기'와 '질문으로 상대도 가담시키기'라는 두 가지 방법을 통해 우리는 더 효과적이고 설득력 있는 소통을 할 수 있습니다.

비록 때로는 시각 자료를 준비하지 못하는 경우가 있을지라도, 예시 활용과 책임을 분명히 하는 방식으로도 충분히 효과적인 대화를 이끌어낼 수 있습니다. 정보 과잉의 시대에 신뢰를 구축하는 것은 어려운 일이지만, 적절한 방법을 통해 상대방과의 관계를 더욱 깊게 할 수 있습니다. 이는 개인 상황에 맞춰 유연하게 활용할 수 있으며, 앞으로의 소통에 큰 도움이 될 것입니다.

여운이 남는 마무리

AI는 2000년대에 접어들면서 과거 컴퓨터의 등장과 유사한 혁신을 예고하고 있습니다. 특히 챗GPTChatGPT와 같은 AI 챗봇의 발전은 정보 검색 방식에 변화를 가져왔습니다. 이제 우리는 전통적인 검색 엔진인 웹 포털 대신 질문을 던지면 즉시 답을 받을 수 있는 AI 시스템으로 정보를 얻습니다. 이는 정보 접근 방식을 획기적으로 변화시켰습니다.

하지만 AI와의 대화에서 간과할 수 없는 점은 바로 '여운'의 부재입니다. 사람 간의 대화에서는 대화가 끝나면 마음에 남는 감정인 여운이 생깁니다. 이는 대화의 깊이와 의미를 보여 주는 중요한 요소입니다. 반면 AI의 답변은 기본적으로 정보에 불과하고, 사람의 감정이나 공감을 이끌어 내기에는 한계가 있습니다.

저는 스스로에게 "사람이 소중한 이유는 무엇일까?"라는 질문을 던져 보았습니다. 각자 고유한 삶을 살고 있지만 다른 사람과 서로 간접적으로 연결되어 있습니다. 삶은 이야기의 연결로 이루어져 있고 이 연결은 마치 이어달리기에서 바통을 건네듯 다음 세대에 전달됩니다. 책, 영상, 사진, 명언 등은 다른 이들의 삶에 영감을 주며 우리는 서로의 존재로 인해 더욱 가치 있는 존재가 됩니다. 이런 상호 작용은 AI가 따라올 수 없는 인간성의 특별한 부분입니다.

얼마 전 영화를 보며 이러한 생각이 더욱 깊어졌습니다. 주인공이 울부짖을 때 감정 이입이 되어 몸이 떨려오는 경험을 했습니다. 이는 감독이 의도적으로 감정을 자극한 결과이고, 영화 속 복선과 의도가 잘 결합되었기 때문일 것입니다. 이러한 경험은 상대방에게 여운을 남기는 대화와 유사한 방식으로 작용합니다.

여운을 남기기 위해서는 먼저 상대방과의 대화를 통해 인상적인 경험을 제공해야 합니다. 대화 중에 "와, 그렇네."라는 반응을 이끌어 내는 것이 중요합니다. 여운을 남기는 방법은 간결하고 명확한 메시지 전달, 진솔한 표현, 유용한 정보 제공 등으로 요약할 수 있습니다. 그러나 그보다 더 중요한 점은 상대방에게 깊은 인상을 주는 일입니다.

그 예로 텀블러 제품을 소개할 때를 생각해 봅시다. 단순히 물이 많이 담기고 보온, 보냉이 잘 된다는 기능적인 면만 설명했을 때보다는 어머니께서 생일날 처음으로 선물해 주신 소중한 물건이라는 개인적인 이야기를 덧붙였을 때 듣는 사람에게 훨씬 더 큰 여운과 감정을 남길 수 있습니다.

여운을 남기는 대화는 이론적으로 다양한 정의와 방법이 있지만, 중요한 점은 다양한 표현을 경험하고 받아들이는 자세입니다. 제가 가장 추천하는 방법은 '매일 10분씩 책 읽기'입니다. 독서는 표현력과 사고의 폭을 넓혀 줍니다. 고대 로마의 정치가이자 저술가인 키케로Marcus Tullius Cicero는 "책 없는 방은 영혼 없는 육체와도 같다."라고 말했습니다. 이는 독서가 없다면 인간의 깊이를 잃을 수 있다는 경고입니다.

독서는 우리의 자신감과 능력을 확고히 하고 다양한 상황에서 효과적으로 대화할 수 있도록 돕습니다. 대중 앞에서 이야기할 때 뿐만 아니라 일대일 대화에서 풍부한 표현력을 얻으려면 독서는 필수입니다.

현재 한국 성인의 연간 평균 독서량은 약 4.5권에 불과합니다. 그러나 자수성가로 성공한 한국인 과반수 이상은 꾸준히 독서합니다. 이는 성공한 사람들이 독서를 통해 얻은 기회가 방증합니다. 독서가 가져다주는 기회를 이해하고 실천한다면 큰 혜택으로 돌아올 것입니다.

사람과의 대화에서 여운을 남기는 방법은 분명합니다. 바로 듣기, 읽기 그리고 생각하기입니다. 이 세 가지 요소는 우리가 대화하고 소통하는 데 매우 중요한 역할을 합니다.

먼저 '듣기'는 상대방의 이야기를 온전히 이해하고 공감하는 과정입니다. 사람은 자신이 말하는 것 이상으로 듣는 사람이 자신을 어떻게 받아들이는지에 따라 감정이 달라집니다. 상대방의 말을 잘 듣고 그들의 감정을 이해하려고 노력하는 것만으로도 끈끈한 연결이 이루어질 수 있습니다. 경청하는 태도로 상대방이 표현하려는 진정한 의미를 찾아내고 여운을 남길 수 있습니다.

'읽기'도 중요한 역할을 합니다. 책을 통해 새로운 표현과 사고 방식을 접하면 다양한 대화 패턴과 주제를 제공합니다. 독서로 세상을 바라보는 시각을 넓히고, 복잡한 감정을 전달하는 방법을 배울 수 있습니다. 다양한 문학과 비문학 텍스트로 얻은 경험은 대화를 더욱 풍부하고 다채롭게 만들어 줄 것입니다. 이를 통해 상대방이 자연스럽게 공감할 수 있도록 유도할 수 있습니다.

마지막으로 '생각하기'는 우리가 대화할 때 어떤 주제에 관한 깊은 통찰력을 갖추는 과정을 의미합니다. 다양한 관점을 고민하고 결론을 내리는 과정을 통해 우리는 상대방과의 대화에서 차별화된 의견을 제시할 수 있습니다. 그런 깊은 생각은 상대방에게 여운을 남기고, 그들에게 강한 인상을 줄 수 있습니다.

이 세 가지 요소는 단순히 대화의 기술적인 측면을 넘어 우리가 사람들과 관계를 맺고 소통하는 본질적인 부분입니다. 상대방에게 여운을 남기고 싶다면 먼저 상대방을 이해해야 합니다. 상대방의 감정을 헤아리고 넓은 시각으로 소통하며 그 과정에서 깊은 생각을 나누어야 합니다.

현대 사회에서 기술의 발전으로 인간관계는 더욱 중요해졌습니다. AI와의 상호 작용이 편리해지더라도 사람 간의 소통에서 생기는 감정과 연결은 결코 대체될 수 없습니다. 때로는 감사의 인사를 전하고 진정한 고민을 공유하며 삶의 작은 순간을 나누는 일이 바로 여운을 남기는 대화의 핵심입니다.

정리하자면 사람과의 듣기, 읽기 그리고 깊이 생각하는 습관이 관계에서 여운을 남기는 근본적인 방법입니다. 이제 이 원칙을 바탕으로 대화에서 여운을 남기는 방법을 실천해 보시기를 바랍니다. 이로써 우리는 더 의미와 깊이가 있는 소통을 할 수 있고, 이는 궁극적으로 우리의 삶을 더욱 풍요롭게 해 줄 것입니다.

66

가르치는 자와 배우는 자

99

삶을 살아가려면 '가르침'과 '배움'에 관한 깊은 이해가 필요합니다. 저는 강연에서 종종 "여러분 모두 누군가를 가르쳐 본 경험이 있습니다."라고 말합니다. 이 말을 들은 청중들은 대부분 의아한 표정을 짓습니다. 그 이유는 대체로 가르침을 좁은 범위로 생각하기 때문입니다.

사실 우리는 생각보다 다양한 경로로 가르침을 주고받은 경험이 있습니다. 어쩌면 삶 속 모든 만남은 서로 가르치고 배우는 관계로 이루어져 있습니다. 배움은 선생님과 학생 사이에서만 일어나는 것이 아닙니다. 일상 속 소통 과정에서도 우리는 지혜를 얻고 배우게 됩니다. 부모와 자식, 친구 간의 대화에서 나오는 깨달음 또한 중요한 배움입니다.

넓게 배우고, 독실한 뜻으로 간절히 묻고, 가까운 것부터 생각하라는 공자의 가르침을 마음에 새기며, 우리는 주변에서 일어나는 일들을 깊이 고민하고 배워야 합니다. 가르치는 직책에 있는 사람에게서만 배울 수 있는 것이 아닙니다.

일상 속에서 나누는 대화는 모두 가르침의 기회가 될 수 있습니다. 하지만 그보다 중요한 것은 대화 속에서 배움의 가능성을 인식하는 일입니다. 대화의 주체가 될 때 '말을 하는 자'와 '말을 듣는 자'의 역할을 분명히 인지하고 깊이 있는 배움의 기회를 만들어 가기를 바랍니다.

가르치는 자는 정보와 지식을 명확하게 전달하는 역할을 합니다. 이를 정확히 인식하고 실천하는 것이 중요합니다. 예를 들어 부모가 자식에게 잘못된 행동을 지적하거나 직장에서 상사에게 업무를 보고하는 상황에서 우리는 가르치는 자가 됩니다. 이럴 때 명심해야 할 것은 경험을 근거로 말해야 한다는 점입니다.

가르치는 자가 말을 할 때 '짐작'에 의존하거나 불확실한 정보를 전달한다면 위험할 수 있습니다. 경험에서 얻은 진정성을 바탕으로 이야기하는 것은 필수 조건입니다. 예를 들어 "실제로 제가 해보니 이렇습니다."라는 식으로 자신의 경험을 바탕으로 전달하는 방식이 필요합니다.

또한 중요한 점은 '무심코 가르치려고 하지 말기'입니다. 가르치려는 태도가 상대방에게 어떻게 비춰질지 깊이 고민할 필요가 있습니다. 대화 중에 지식 전달 욕구가 상대방에게 압박감을 줄 수 있으므로 가르침을 주는 과정에서 내가 가르친다는 느낌이 들지 않도록 자연스럽게 전달하는 편이 바람직합니다.

반면 배우는 자는 상대방의 이야기를 경청하고 이해하는 역할을 합니다. 많은 사람이 자신이 가진 고정 관념 때문에 다른 사람의 말을 잘 듣지 못하는 경우가 많습니다. 상대방의 말을 귀 기울여 듣고 "그럴 수도 있겠네."라는 열린 마음으로 대화에 임하는 태도가 중요합니다. 대화의 상호 작용에서 고정 관념은 배움을 방해하는 요소가 될 수 있습니다.

배우려는 자는 먼저 상대의 의견을 수용하고 판단은 끝까지 듣고 난 뒤에 내려야 합니다. 상대의 이야기를 듣는 과정에서 얻은 통찰력을 소중히 여기고 배움의 자리를 인식해야 합니다. 알고 있던 정해 둔 틀에 사로잡히지 않고 상대방의 마음을 이해하며 소통하는 시간이 중요합니다.

가르치는 자와 배우는 자의 상호 작용은 일상에서 끊임없이 이루어집니다. 두 역할을 번갈아 경험함으로써 우리는 더욱 풍부하고 깊이 있는 대화를 나누게 됩니다. 그러므로 가르침과 배움의 마음가짐을 기억하고 실천하면 대화의 품격을 높일 수 있습니다.

진정한 배움은 대화의 순환 속에서 이루어집니다. 한 사람이 가르침을 주면 그에 대한 반응으로 다른 사람이 배우고, 다시 그 배움을 통해 새로운 가르침을 주는 방식으로 지속적으로 순환하는 것입니다. 이러한 과정은 당신의 삶을 더욱 의미 있게 만들며 모든 관계에서 더 나은 소통을 할 수 있게 합니다.

상대의 이야기를 경청하고 실제 경험을 바탕으로 자신의 생각을 겸손하게 나누는 태도는 좋은 대화 상대가 되는 데 큰 도움이 됩니다. 또한 이러한 태도는 직장이나 개인 관계에서도 긍정적인 영향을 미쳐 신뢰를 쌓고 생산적인 대화를 이끄는 토대가 됩니다.

대화에서 가르치는 자와 배우는 자의 역할을 제대로 수행할 때, 상대방에게도 긍정적인 영향을 미칠 수 있습니다. 이는 단순히 정보를 주고받는 것이 아니라 서로의 생각과 감정을 교류하며 상대방이 더욱 깊이 있는 배움을 경험하게 하기 때문입니다.

모든 대화 속에서 가르치는 자와 배우는 자의 역할을 수행하는 일은 서로의 삶의 질을 높이는 데 중요한 과정임을 기억하십시오. 당신이 경험하는 모든 대화가 가르침과 배움의 자리가 되고, 일상의 모든 순간이 배움의 기회가 되기를 바랍니다.

에필로그

꾸준함의 힘:
나만의 말하기 스타일 만들기

PART 1. 왜 말하기가 중요한가?

말하기는 우리의 생각과 감정을 다른 사람에게 전달하는 가장 기본적인 방법입니다. 말로써 관계를 형성하고 신뢰를 쌓으며, 때로는 설득하는 기술도 발휘할 수 있습니다. 말하기는 사람들이 서로 이해하고 공감하는 데 핵심적인 역할을 합니다. 따라서 올바른 소통 기술은 개인의 삶뿐만 아니라 비즈니스에서도 매우 중요한 요소입니다.

PART 2. 신뢰를 쌓는 대화의 기본 기술

대화는 단순히 정보를 주고받는 것 이상의 의미를 지닙니다. 신뢰가 쌓일 때 우리는 더 깊고 의미 있는 관계로 나아갈 수 있습니다. 신뢰를 쌓는 대화의 기술은 상대방을 이해하고 존중하는 태도에서 시작됩니다. 상대방의 감정을 고려하고 공감하는 자세로 대화에 임할 때 신뢰는 자연스럽게 쌓여 갑니다.

PART 3. 나만의 이야기를 설득력 있게 전달하기

매혹적인 이야기로 사람들의 관심을 끌고 그들을 공감시키는 능력은 매우 중요한 스킬입니다. 각자의 경험과 이야기를 구체적으로 전달함으로써 청중은 더욱 쉽게 공감할 수 있습니다. 일화를 적절히 섞어 메시지를 전달하면 더욱 설득력을 높일 수 있습니다. 당신의 고유한 이야기를 자산으로 삼고, 그 이야기가 누군가에게 긍정적인 영향을 미칠 수 있음을 기억하십시오.

PART 4. 논리적이고 설득력 있는 말하기의 기술

효과적인 커뮤니케이션은 논리적이고 체계적인 접근을 필요로 합니다. 주장을 뒷받침할 수 있는 자료와 근거를 준비하고, 상대방의 반론도 미리 예상하는 것이 중요합니다. 이 과정에서 '나의 주장'을 강화하면서도 상대의 입장을 존중하는 태도가 필요합니다. 이렇게 하면 대화의 질이 한층 높아집니다.

PART 5. 감정과 상황에 맞는 일상 속 대화 레시피

일상에서도 상황에 맞는 적절한 대화는 매우 중요합니다.

사람은 감정에 따라 반응하기 때문에 상대방의 감정을 고려한 표현을 사용해야 합니다. 예를 들어 친구가 힘든 상황에 있다면, 충고보다는 그들의 아픔을 공감해 주고 지지하는 말로 대화를 이끌어야 합니다. 이렇게 하면 상대방은 더 많은 위로와 도움을 느낄 수 있습니다.

PART 6. 지속적인 성장과 피드백

항상 새로운 것을 배우고 성장하는 자세가 필요합니다. 대화를 통해 얻은 피드백은 귀중한 자원입니다. 상대방이 어떻게 느끼는지 당신의 말이 어떤 영향을 미쳤는지 소통하며 판단해 보십시오. 이런 과정을 통해 자신을 돌아보고 개선할 수 있습니다.

이렇게 마지막 챕터까지 열심히 달려온 당신에게 박수를 보냅니다. 당신은 멋진 성장을 이룰 가능성이 넘치는 사람입니다. 만약 다른 누군가가 당신에게 악의를 담은 말을 한다면, 그 말을 한 귀로 듣고 한 귀로 흘려보내세요. 아무리 좋은 말이라도 그것이 당신의 의지를 꺾는다면 '백해무익'입니다.

말의 가장 중요한 점은 좋은 의도입니다. 저는 누군가를 멘토로 삼지 않았지만, 작년부터 함께 비즈니스를 시작한 대표님께 많은 것을 배웠습니다. 그분과의 대화는 제게 많은 도움이 되었고 일뿐 아니라 삶에 대한 통찰도 얻게 해 주었습니다.

하지만 그분에게는 치명적인 단점이 있었습니다. 표현이 직설적이고 때로는 거칠기까지 했습니다. 시간이 지나도 부정적인 말들이 저의 내면 깊이 박혔고 결국 아프게 느껴졌습니다.

"다 너를 위해서 하는 말이야. 힘들어도 견뎌."

이런 말은 상대를 배려하지 않는 날카로운 표현입니다. 어떤 말이든 '선의'가 결여된 표현은 절대 해서도 받아들여서도 안 됩니다. 그런 표현은 마음에 상처를 남깁니다. 긍정적인 말로 대화를 이어 가고 건설적인 피드백을 해 주어야 건강한 관계를 유지할 수 있습니다.

예를 들어 비속어를 자주 사용하는 친구가 있다고 가정해 보겠습니다. 그런 친구에게 이렇게 말한다면 어떨까요?

"야, 너는 정말 욕 좀 그만해. 듣기 싫어 죽겠어."

이러한 명령조는 불필요한 갈등을 유발할 수 있습니다. 대신 이렇게 말한다면 어떨까요? "너는 정말 감정을 잘 전달하는 친구라는 생각이 들어. 매번 그렇게 나와 소통해 줘서 고마워."

이렇게 먼저 긍정적인 인정으로 대화를 시작하는 편이 좋습니다. 그런 다음 "그런데 최근 네가 스트레스를 많이 받아서 그 런지 비속어가 는 것 같아. 그것을 줄일 수 있으면 좋겠어. 안 좋 은 말이 네게 악영향을 미칠까 걱정이 돼서 말이야."

자칫 지적으로 들릴 수 있는 내용도 이렇게 부드럽게 접근하 면 진솔한 대화를 이어 나갈 수 있습니다. 정보 전달뿐만 아니라 감정의 공감과 이해가 담긴 말이어야 상대방에게 진정한 도움이 됩니다. 우리는 매일 소통을 하며 살아가기 때문에 이러한 대화 의 기술은 생활의 일부가 되어야 합니다.

이 책을 읽으면서 불확실하거나 해결되지 않은 질문이 있다 면 그것을 곱씹어 보십시오. 좋은 질문은 대화에 깊이를 더해 줍 니다. 독서에서 얻은 지식과 지혜는 씨앗과 비료와 같아서 이를 당신의 삶에 어떻게 활용하느냐에 따라 다양한 결과를 얻게 될 것입니다. 특히 '언어'와 관련된 도서는 삶에 많은 영향을 미치므 로 이를 활용해 주변에 선한 변화의 씨앗을 뿌릴 수 있기를 바랍 니다.

전 세계에서 가장 인기 있는 베스트셀러 '성경'에서는 마태복 음 13장 1절부터 9절까지 씨 뿌리는 농부의 비유를 통해 우리가 각자의 자리에서 어떤 태도를 가져야 하는지를 알려 줍니다. 좋은 씨앗이라 하더라도 그 씨앗을 뿌릴 땅의 상태가 다르면 그 결과는 달라지듯, 우리의 대화와 소통에서도 어떻게 전달하느냐에 따라 상대방에게 미치는 영향이 달라집니다.

각자가 가진 특성과 성향에 따라 자신만의 방식으로 대화하면 반드시 좋은 결과를 얻을 수 있습니다.

미국의 저널리스트이자 작가 크리스토퍼 몰리Christopher Morley 는 이런 말을 했습니다. "오직 한 가지 성공이 있을 뿐이다. 바로 자기 자신만의 방식으로 삶을 살아갈 수 있느냐이다."

이 명언처럼 당신의 삶을 당신만의 색깔로 만들어 나가기를 바랍니다. 마음껏 자신의 이야기를 하고 다른 사람의 이야기에 귀 기울이며 서로의 존재를 인정하고 격려하는 과정에 삶의 아름다움이 숨어 있습니다. 당신이 지금까지 쌓아 온 경험과 지혜로 스스로 만들어 나갈 미래를 기대합니다.

인생을 바꾸는
대화의 기술

펴낸날 2025년 5월 15일 1판 1쇄

지은이 최영준
펴낸이 김영선
부대표 김대수
편집주간 이교숙
교정·교열 정아영, 나지원, 이라야
경영지원 최은정
디자인 타입타이포
마케팅 신용천

펴낸곳 더페이지
주소 경기도 고양시 덕양구 청초로 10 GL 메트로시티한강 A동 20층 A1-2002호
전화 (02) 323-7234
팩스 (02) 323-0253
홈페이지 www.mfbook.co.kr
출판등록번호 제 2-2767호

값 18,800원
ISBN 979-11-94156-15-4(03190)

더페이지와 함께 새로운 문화를 선도할 참신한 원고를 기다립니다.
이메일 dhhard@naver.com (원고 투고)